一别两宽

好好离婚的8种智慧

孙春宁　闫燕秋 ◎ 著

华夏出版社
HUAXIA PUBLISHING HOUSE

图书在版编目(CIP)数据

一别两宽 / 孙春宁,闫燕秋著. -- 北京:华夏出版社有限公司, 2020.10(2020.11 重印)

ISBN 978-7-5222-0000-2

Ⅰ. ①一… Ⅱ. ①孙… ②闫… Ⅲ. ①婚姻社会学 Ⅳ. ①C913.13

中国版本图书馆 CIP 数据核字(2020)第 161418 号

一别两宽

作　　者	孙春宁　闫燕秋
责任编辑	杜潇伟
出版发行	华夏出版社有限公司
经　　销	新华书店
印　　刷	三河市万龙印装有限公司
装　　订	三河市万龙印装有限公司
版　　次	2020 年 10 月北京第 1 版 2020 年 11 月北京第 2 次印刷
开　　本	880×1230　1/32 开
印　　张	8
字　　数	170 千字
定　　价	39.00 元

华夏出版社有限公司 　地址:北京市东直门外香河园北里 4 号
　　　　　　　　　　　　　邮编:100028 网址:www.hxph.com.cn
　　　　　　　　　　　　　电话:(010) 64663331(转)

若发现本版图书有印装质量问题,请与我社营销中心联系调换。

目 录
Content

序　言 / 001

前　言 / 001

第一部分　离还是不离，确实是个问题

第一章　离婚不是原罪和人格污点 / 003

1. 中国离婚率连续七年激增　　004
2. 离婚率升高是个体觉知提升的信号　　010
3. 离婚不是错，有时恰恰是矫正与纠错　　013
4. 当下之人，应勇敢地接受婚姻的各种生老病死　　017
5. 离婚自由体现了对人的价值和创造性的双重尊重　021
6. 不再用离婚衡量人生成败与人品好坏　　023
7. 宁死不离的人啊，心里到底都在嘀咕什么　　028
8. 世间的男女关系，缺乏最基本的善意　　032

第二章　"中国式"离婚的跨学科解析 / 035

9. 新中国三次离婚高潮回顾　　036

10. 离婚本是中性词 / 038

11. 社会学观察：核心家庭转变过程中，功利主义的式微与感觉主义的昌盛 / 041

12. 经济学观察：影响婚姻稳定的经济社会变量增多，婚姻维稳不易 / 044

13. 国民心理观察：影视艺术作品中关于"中国式"离婚的分阶段式展示 / 049

14. 传播学观察：社交媒体用户真实吐露对婚姻价值的疑虑 / 053

15. 心理学观察：很多佳偶在亲密关系的幻灭期阵亡 / 058

16. 性别学观察：离婚案件多由女性提出 061

17. 性爱主权新观察，是谁赋予"睡了"这么大权利 / 066

第三章　离婚案例警示，对婚姻态势要有知觉能力 / 071

18. 伴侣总对你说"性格不合"，他心里一定另有动作 / 072

19. 既无"啪啪啪"，又无"哈哈哈"，这样的婚姻前景好可怕 / 077

20. "丧偶式"婚姻和"丧偶式"育儿，这样的婚姻你图啥 / 081

21. 离婚律师总结出来的伴侣出轨信号，早读早知道 / 085

22. 伴侣人格不健全，比伴侣出轨更可怕 / 089

23. 冲动型离婚解读 / 093

24. 婚姻危机与婚姻死亡有界限，不要一言不合就离婚 / 099

第二部分　解怨释结，好好离婚

第四章　做好心理建设，把内伤降到最低 / 105

25. 别等到内心充满仇恨再为离婚做计划 / 106

目　录 >>>>>

26. 婚姻从来都不是终身大事 / 111
27. 恋爱是情感问题，婚姻是社会问题 / 115
28. 那几年的情爱与时光，都没有错付 / 119
29. 死拖不离的"老赖"，能否获得法律支持 / 122
30. 给自己"断奶"，掐断对他的情感和经济依赖 / 127

第五章　财产分割：尽量帮你"多要辆自行车" / 131

31. 离婚时夫妻财产分割的一般原则 / 132
32. 道德优势并不能必然转化成财产利益，捉"小三"往往得不偿失 / 134
33. 到底该如何收集婚姻过错方的证据呢 / 138
34. 如何防范另一方隐藏、转移、变卖财产 / 140
35. 夫妻离婚，关于房产你不得不防的"暗亏" / 145
36. 忠诚协议能成为夫妻财产分割依据吗 / 152
37. "假离婚"太容易成真，别再自欺欺人 / 156

第六章　孩子抚养：离婚后，双方是合作关系，且经营方向单一 / 161

38. 争抢孩子最不理性 / 162
39. 经济弱势的女性想获得抚养权，需要哪些有力证据的支持 / 165
40. 当你和子女受到威胁时，人身安全保护令比躲避更有用 / 169
41. 如何应对探视权的变相被剥夺——我见过的最可怜的离婚女人 / 173
42. 如何应对那些孩子抚养问题上的"老赖" / 177
43. 离婚后，抚养孩子的一方可否给孩子改姓 / 181

44. 单亲家庭不是问题，单身的家长心态不好才是问题 / 185

第三部分　亲密关系的重建

第七章　自信心的恢复与安全感重塑 / 193

45. 拥有转身力，是成人世界里最了不起的优雅 / 194
46. 培育自己的属己感，怎么活都保险 / 197
47. 请你思考：为什么"小三"队伍里销售居多 / 202
48. 不要心理不平衡，不幸的婚姻关系里伤害是相互的 / 205
49. 快速走出离婚阴影的心理训导法 / 208

第八章　再婚之路，美妙继续 / 213

50. 比起急匆匆地再婚，一次严谨的复盘行为更靠谱 / 214
51. 再婚前，要保证自己的人身独立性 / 217
52. 最好结婚之前就把二婚男的底细摸清楚，不然将来很麻烦 / 220
53. 再婚前的财产协议与公证 / 225
54. 只要有这四种心态，再婚一万次也过不好 / 229
55. 守住这些幸福法则，想不幸福都难 / 233
56. 结婚是真诚的，离婚是理智的，再婚是清醒的 / 236

后　记 / 239

序 言

离婚之路千万条,好好离婚第一条

这不是一部典型小说,但我却有一种想一口气读完的感觉。那么,这到底是什么原因呢?

这也不是一部纯粹的学术著作,但我却体会到了学术研究的深度与社会话题的热度原来可以如此有机结合。那么,这究竟是什么问题呢?

三十年前,我看到过一篇叫做《懒得离婚》的小说。小说的内容其实已经越来越模糊了,但小说的名字却让我一直牢记在心。三十年后的今天,我读到了这部名为《一别两宽》的非小说作品。我奇怪的是,为什么一部不像小说的作品,却让我读起来手不释卷、欲罢不能呢?

三十年的时光转眼就过去了,但离婚这个话题显然不会一转眼就消失。因为爱情是一个永恒的话题,所以,无论是爱情的开始还是结束,永远都是一个说不完、说不透、说不够的话题。

离婚,当然也是一个永恒的话题。不同的是,当时那个年代的人们是懒得离婚,今天这个时代的人们则是一言不合就离婚。

既然离婚成了无法改变的选择,那么,如何离婚就是一个令人纠结的问题了。套用一句流行语,那就是"离婚之路千万条,好好离婚第一条"。

两位作者正是循着这样的态度和高度,开始了对什么是"好好离婚"、为什么要"好好离婚"、如何实现"好好离婚"这一系列问题的研究与解析。于是,作为先睹为快的第一读者,我读到了本书的独特魅力和丰富内涵。

这是一部值得细读和深读的新书。从逻辑结构看,除了前言和后记,本书正好分为三个部分,从何为到为何再到如何,层层递进,环环相扣,娓娓道来,又正好印证了上述研究论证的逻辑思路。所以,对进入婚姻生活和即将迎来婚姻生活的人来说,这部新书读起来很有吸引力,看起来很有亲和力,说起来很有思想力。

这是一部值得思考和参考的新书。从内容体系来看,本书三个部分之间,各有侧重,相得益彰。一是深入论证了"离还是不离,确实是个问题"而带来的纠结和煎熬,二是深度剖析了"解怨释结,好好离婚"而引出的欣慰和感慨,三是深刻阐述了"亲密关系的重建"而转变的眼界和境界。为此,对正面临婚姻危机乃至关注婚姻问题的人来说,这是一部既可以深入思考又可以借鉴参考的好书。

这是一部值得关心和关注的新书。从研究方法来看,本书既有社会学的调查分析,又有经济学的统计解析,还有心理学的研究推析,更有传播学的评判辨析。可以说,抽样研究与个案研究,有点有面;比较研究与实证研究,有板有眼;实务研究与法理研究,有根有据。有鉴于此,对那些目前在婚姻生活中平安无事的人来说,这部书可以引发你的情感共鸣,从而让你更多地关心、关注乃至关爱周围那些婚姻生活陷入困境的人。

这是一部值得叫好和叫座的新书。从语言表达来看,本书的文字,流畅而不失个性，华美而不显做作，自然而不晦涩。可以说，无论是跌宕起伏的情节性还是起承转合的结构性，无论是首尾呼应的严谨性还是引人入胜的故事性，都值得你一口气读完。

海峡彼岸的圣严法师，曾说过一段让我们耳熟能详的"四它真言"，那就是"面对它、接受它、处理它、放下它"。圣严法师是这样解释的："当你遇见一些事时，你不要逃避，最好的方法就是面对它，然后必须接受那已成的事实，好好地处理它，处理完后，不要让它占据你的心，必须放下它。"本书从头到尾，字里行间，无不体现了这种情怀和境界。

无巧不成书，两位作者与我一样，都是法律科班出身，都深知法律是凝固的情感，情感是彰显的法律。作者孙春宁是一位执业律师，目前正在国内知名的山东琴岛律师事务所执业，而另外一位作者闫燕秋则是一位著名情感作家。尽管两位作者身处不同的工作岗位，但却一直在共同关注和思考当下婚姻问题所带来的社会现象与法律责任。于是，就为我们贡献了这部非同一般的新作。

在我看来，人生就是一场旅行，婚姻是你翻山越岭的车票、荡舟而行的船票、穿越高空的机票。票已到手，幸福未必就一定会到手。只有相伴相携抵达终点，才能算是幸福真正到手。面对离婚，一般来讲，是一个令人头痛的问题，应该也不是什么愉快的事情。正如王菲与李亚鹏的离婚，缘分尽了，爱情散了，只能互相祝福后分道扬镳。需要广而告之的是，离婚不是世界末日，但也绝不是什么节日；离婚并不可怕，可怕的是怎么离婚；离婚是一个结果，更是一个后果。如何处理好抚养孩子与分割财产的法律问题，才是自己应该追求的成果。

正如两位作者所言：离婚绝不是人生结局，愿以此书给离婚者最大的帮助！以书为媒，请大家客观公正地看待离婚，不要戴着"有色眼镜"看待离婚人士，要对离婚中的戾气、暴力和伤害说"不"，禁绝婚姻纠纷中的伤人害命事件。

离婚是一种调整方式，也是一项个人自由，但绝不是解决情感困惑的不二法门。幸福的出路在于觉知、改进、经营。同时，分割财产的诉求不是越多越好，谁别有用心，谁不得人心。别再为了孩子的抚养权而费尽心机，父母子女关系不会因离婚而改变。

诚哉斯言！需要告诉各位读者的是，以上所说只是两位作者在书中主张的价值观念，更重要的是，他们还提供了许多难能可贵乃至难得一见的法律干货。

法律干货究竟有多少，您打开本书就看到了！

是以为序。

《民主与法制》杂志社总编刘桂明

2020 年 6 月 15 日

前　言

若离婚，好好的

"我能想到的最浪漫的事，就是和你一起慢慢变老……"

千百年来，所有情意绵绵的诗词佳句，无不寄托了人们对婚姻幸福美满的希望。

可是，希望是一回事，人性易变和世事无常又是另一回事。

无论如何，婚姻家庭形态发展到今天，离婚两个字已不再像从前那样少见多怪了。

当今社会，对离婚率、不婚率的数据统计，常常占据社交媒体的头条。环顾周边人群，分分合合，可以说，时至今日，离婚已经不是少数个体的行为，而是一种社会现象。

无论是婚姻中的个体，还是作为社会现状的旁观者，我们再也不能像以前那样抱着"鸵鸟心态"逃避现实，自欺欺人，以为闭上眼睛那些事实就不存在了。你越回避，问题将越严重；你越排斥，家庭生活越不幸福。因感情不睦而引起的恶性伤害案件隔三岔五上热搜，每每让人不安。作为一名法律工作者、一名在婚姻家庭领域笔耕多年的媒体人，对于离婚，我们有话要说。

婚姻真的很辛苦

因为独特的社会结构和婚嫁文化,婚姻,真的让人感觉很辛苦。

自古以来,中国人的婚姻家庭被赋予了太多的社会功能和使命,修身、齐家、治国、平天下,一直被传统社会的读书人奉为正统的人生成长规程。从家族繁衍到人生成败再到治国理政,都要拿婚姻家庭说事儿,而婚姻家庭中个体的喜怒哀乐,反倒成了上不得台面的隐私。

中国人普遍的喜乐不由己,是历史形成的、文化塑造的。在政治经济风浪起伏和中西方文化激烈碰撞中,婚姻家庭又被视为社会个体的避难所,被称为温暖的港湾,以一个小单位抵挡着自然的无常和社会层面的动荡,人们希望在这个最小的社会单元里,个性得以保全,自由得以彰显,并获得爱与安全。可是,婚姻家庭这个最后的堡垒,如今也是风雨飘摇了。

时代变了,婚姻也变了

纵浪大化中,能有几人不忧不惧?人们普遍焦虑,缺少爱、缺少安全感。一方面,是中国式婚姻由来已久的历史负重和以孱弱与焦虑为标签的国民心理背景;另一方面,又是自我价值与个体意识的双重觉醒。

随着科技在生活领域的延伸,男人们突然发现,他们真的不是离开女人就无法洗衣、做饭、居家过日子了。

随着经济和精神的双重独立,女人们突然发现,婚姻真的不像父辈们教化强调的那样是"终生大事",它充其量只是一种可供选择的生活方式。她们再也不用像旧时代的妇女那样,为了男人这个"饭票"而忍辱负重了。

无论对于男人还是女人,"我的爱情不是非你不可,我的生活不是非婚不行"。他们更愿意选择"怎么舒服怎么活"。为此,他们可以不婚、可以离婚、可以做单亲爸妈……

总之,随着社会经济生活变量的增多,婚姻稳定的根基受到前所未有的挑战,随着"围城"内人们幸福感的普遍降低,离婚率的升高几乎是必然的。

这种情感背景下,我们不能一味地感叹世风日下,人心不古。我们唯一能做的,就是保持理性,做个包容的社会人。倘若再能勇敢担当起一些社会责任,那就应该直视现实,透过离婚率这些起伏变化的表象,厘清其背后深刻的社会经济背景,以包容的态度旁观,尽力救赎。

离婚伤筋动骨,个中悲苦自不待言,一段婚姻关系的解体,真的没有赢家,没有人不想幸福圆满,只是我们往往看得见开始看不见结尾。所以,要宽容。

正是因为这样的认知,我们决定写这样一本书,提出一些观念供评判,提出一些建议供参考。

离婚绝不是人生结局,愿以此书给离婚者最大的帮助

以书为媒,我想传递这样的信息:

客观公正地看待离婚。离婚是个中性词,婚姻自由本身就包括结婚自由和离婚自由。所以,离婚不是洪水猛兽,它是一个生活结果,不是人生结局。

不要戴着"有色眼镜"看待离婚人士,别再把离婚和人品人格、人生

成败挂钩，消弭社会上对离婚人士的负面评价。

对离婚中的戾气、暴力和伤害说"不"，禁绝婚姻纠纷中的伤人害命事件。

对于婚姻不顺的男女，我想做出这样的安顿：

离婚是一种调整方式，也是一项个人自由，但绝不是解决情感困惑的不二法门。幸福的出路在于觉知、改进、经营。

分割财产的诉求不是越多越好，谁别有用心，谁不得人心。

别再为了孩子的抚养权而费尽心机，父母子女的关系不会因离婚而改变。

前三条是价值观念，用以实现情绪上的"拨乱反正"。后三条是法律干货，借以划定理智思考的底线。

当下是最好的时代还是最坏的时代，我们不去妄论。我只能说这是一个个体最接近自由的时代，也是一个最需要自我决策和担当的时代。人生难得，如飘如寄；人生不易，且行且珍惜；不能为难别人，也不能亏了自己。但愿此书，也能"于诸病苦，为作良医"。

第一部分

离还是不离，确实是个问题

婚姻家庭，和我们自身一样，是一个生命有机体，生老病死是自然现象。

对于成年女性来说，最高级的精明，就是好聚好散。

因为好聚好散，胜过你死我活。

在英国，过去七年间被男性谋杀的女性中，有近 2/3 是被现任或前任伴侣所杀；

在中国台湾，平均每个月就有 14.7 件婚恋暴力、分手暴力和情杀恶性事件；

在中国大陆，婚恋暴力事件也时常上热搜……

时至今日，好好离婚，是对自己最大的慈悲。

第一章
离婚不是原罪和人格污点

导读

不把离婚视作原罪,
是一个社会文明程度高低的试金石。

不把离婚和人格污点挂钩,
是一个国家国民素质优劣的最直接表现。

不戴着"有色眼镜"妄自评判离婚者,
是一个人最高尚的格局。

诚如婚姻只是生活方式的一种,
离婚也只是跌宕人生的一段弯道。

人生不易,且行且珍惜。

1. 中国离婚率连续七年激增

一上来就考你一个问题：与许久不见的同学、朋友见面，你是怎么打招呼的？

"最近怎么样？"

"好久不见，忙什么呢？"

"上次你说的那个项目怎样了？"

这些都没问题，但接下来的问候就不保险了。通常，我们在过问完朋友的工作进展后，继而会关心人家的婚姻与家人："你爱人怎么样？"

这样的问候今后千万别主动问了，问题不对，轻则太尴尬，重则遭人骂。

早在毕业十周年聚会上，我就出丑了，班里一共九个女同学，我主动跟两位同学打了招呼，结果都撞到枪口上了，我上来就问："你爱人还做××工作吗？"小A顿了一下难为情地说："离了，我现在的爱人是做××工作的。"小B就没这么客气了，瞪了我一眼后狠狠地说："你呀，哪壶不开提哪壶！"然后就把我拉黑了。

这样的尴尬出现两次之后，我再也不敢主动探寻别人的家庭情况了。

不是矫枉过正，现如今，中国粗离婚率居高不下已是不争的事实。

根据民政部2018年8月份发布的《2017年社会服务发展统计公报》显示，2017年我国依法办理结婚登记手续的有

1063.1万对，比上年下降7.0%；办理离婚手续的共有437.4万对，比上年增长5.2%。

另外，近几年结婚率越来越低，晚婚比例上升。据数据统计显示，2013年至2017年结婚率一直在下降，2017年结婚率为7.7‰，25岁至29岁办理结婚登记的人占结婚总人口比重最大，为36.9%。离婚率则从2010年的2‰提高到2017年的3.2‰。

通过这些数据，我们清楚地看到，中国版的婚姻"围城"，出来的人越来越多，想进去的人正在减少。假如你没心没肺地问一个没结婚的男人孩子多大了，问一位刚离婚的女士丈夫对她好吗，你这不是活生生地拉仇恨吗？所以，久别重逢，打招呼千万要小心！

全民拷问：是什么原因造成了这种现象呢？虽然全书都在讨论这个问题，但为了尽快平复诸位那颗怦怦跳动的好奇心，在这里略说几点。

民间关于离婚率上升的诡异说法

虽然学术界和民间关于离婚率上升的原因有很多说法，比如，有人将其和天灾人祸建立关联。以非典型肺炎时期为例，据说2003年非典型肺炎肆虐时，许多人被迫留在家中，就有媒体报道说："非典型肺炎让许多人重归家庭，享受比以前更多的家庭温暖，也比以前更加珍惜婚姻生活。"还有人将其和地域以及天灾相关联，汶川大地震后四川省的统计资料显示，该省离婚率连续两年在全国排首位，媒体据此分析说这和地震有关，"地震后人们重新考虑婚姻和家庭的定位，许多人重新作出了选择"。还有人抛出了"房价决定离婚率"的言论。

但就我从业近二十年的办案经验来看，以上关于"非典"恐慌导致情感依赖以及地震导致的情感移位等说法，显然太过随意，根本未能触及离婚人士的心理本质。其实，"非典"也好，灾难也罢，都是偶然事件，是外因。我们都学过唯物辩证法，知道外因是通过内因起作用的。也就是说，导致中国人离婚率连年递增的原因，主要在于人们对婚姻和情感的认知发生了重大变化，从意愿上不那么愿意结婚，更愿意离婚，以及婚姻解体的程序越来越易于操作，离起来没那么麻烦了。

离婚率上升的因果综合考量

放在宏观的角度综合考量，是以下几方面的因素共同作用导致了中国离婚率的逐年攀升。

第一，时代变了，婚姻存续的基础和约束机制变了。

"嫁汉嫁汉，穿衣吃饭。"

"不结婚不生孩子，将来你老了怎么办？"

以上这两句，是"不婚族""离婚族"和"丁克族"们听得最多、最反感的话。任何社会行为的发生都有目的驱动，这两句特别朴素的"家训"，彰显了过去那些年代婚姻存续的基础。

过去，男女踏入婚姻基本上都以"生产"为目的，节约生活成本，生孩子传宗接代。专家们把传统的婚姻模式总结为"经济合作社"和"生育共同体"。加上"好人不离婚，离婚没好人"的道德观念和乡里乡亲的群众监督，外在舆论对婚姻的稳固起着巨大作用。这是旧时代婚姻的约束机制。

而如今，年轻一代自幼生活条件优越，衣食无忧，他们不需要依靠结婚来节约生活成本，他们更在意的是情感的滋养、心理的慰藉、文化价值观的认同、性的愉悦满足。这样的婚姻关系被称为"心理—文化共同体"。恰如中国社会科学院研究员、中国婚姻家庭研究会专家委员会副主任陈一筠所解释的那样，与传统婚姻模式相比，这一模式要文明得多，进步得多，也脆弱得多。的确，这样的婚姻模式就像一架高精密度的感觉仪器，特别容易受到影响。这就相当于你问一个人对伴侣的要求是什么，他会告诉你"感觉"，可是感觉是世界上最玄乎其玄、不易把握，最不可靠的东西。再加上那种靠大杂院式的群众监督、宗法亲情的血缘监督等外在纽带制约的传统婚姻维系机制已经式微，制止现代人离婚的外界纽带越来越薄弱，所以，婚姻更易碎了。

第二，离婚率升高是社会发展的必然产物。

事实上，年轻人的高离婚率只是顺应了历史发展潮流。因为发达国家的经验已经表明，离婚率的升高是社会城市化、工业化程度提高带来的必然效应。

中国法学会婚姻家庭法学研究会会长、中国政法大学国际教育学院院长夏吟兰认为，城市化程度较高，社会较开放的地区，人们的价值观和生活方式相对开放和多元，职业和地域流动比较频繁，因人口迁移、两地分居所导致的家庭亲和力减弱，夫妻关系受到严重影响。"城市化、工业化程度越高的地区，离婚率相对就会提高。"这是多个学科专家共同研究离婚率升高的问题后得出的一致结论。

第三，离婚率升高是性别文化发展的衍生物。

离婚率升高的另一个根源，是人权和性别文化的大发展。大约从二十世纪七八十年代起，男女平等的性别文化开始在社会上风行，现代教育完全摒弃了旧时代对女性"三从四德"的要求，很多家庭在培养子女上并没有重男轻女，甚至越是女孩越被父母往"女强人""成功人士"的方向上教养。因此，我们常常看到这样一种现象：从幼儿园、小学直到大学，班干部多为女孩。女性对社会事务的参与意识和控制意识增强，绝大多数女性已经不再心甘情愿地做男人背后的那个女人，尽管她们被认为很伟大。事实上，女性也根本用不着这样，因为她们受过良好的教育，有很好的身体素质，能找到很体面的工作，有独立富足的精神生活，有广阔的交际空间。在很多领域，女性凭实力掌握了话语权。

女性已经变强了，可是男性的性别观依旧如故，还是大男子主义，还是喜欢温柔婉约、温恭贤淑、善解人意的女人，厌恶"母老虎"式的强势女人。因此，男人和女人，"相看两不厌"越发困难。

第四,传统家庭文化助力离婚率升高。

现阶段,从我国离婚人群的年龄结构看,22岁至35岁的人群是离婚主力军,这部分人恰好是"80后""90后"。

在这一年龄层的离婚案件中,因原生家庭介入而产生夫妻矛盾的占大多数。有社会学家认为,"80后"离婚的最大"杀手"就是父母插手多。

我国传统的家庭文化核心是欢乐一家亲,四世同堂,大家庭观念强烈,两代人甚至三代人同住在一个屋檐下,磕碰的概率和程度都会加剧。

据统计,有相当一部分家庭夫妻劳燕分飞的原因来自丈母娘的横加干涉。有一些丈母娘对女儿嫁人的期望值很高,把自己后半辈子的幸福全部押在女儿嫁人上,进而对女婿的准入设立了很高的门槛。当女婿感到丈母娘严重伤害了自己的自尊心时,自然就会对妻子提出离婚。

如果说,丈母娘是男人的"心头刺",那婆婆就是女人的"梦魇",婆媳关系可以说是家庭生活的最大难题之一。在古代极度讲究"孝道"和"三从四德"的社会中,媳妇是绝对的弱势方。但到了现代,传统枷锁被打碎,而"80后"又是有史以来最"自我"的一代。媳妇要翻身做主人,婆婆却不愿意,于是导致了不可调和的婆媳矛盾。

第五,离婚成本偏低。

一件事情如果太麻烦,我们自然会本能地抗拒它,但如果很轻松就能做到，那么大家就更容易选择去做。

曾经，离婚是件很麻烦的事情，需要得到双方家长同意，需要到单位开介绍信，需要漫长的等待……而2003年国务院颁布的《婚姻登记条例》大大简化了民政部门办理离婚登记的手续，夫妻双方离婚登记之前一般得不到必要的调解，花九块钱办手续当场就可以离婚，成本极低。这一方面保障了离婚自由，另一方面也加剧了冲动型离婚或草率型离婚。因此，我们被外媒称为"世界上离婚最自由的国家"。

2. 离婚率升高是个体觉知提升的信号

在上一节谈及传统婚姻模式时，我们说到了结婚的目的性问题。其实这只是社会学家的分析而已，真正具体到结婚的男女身上，他们脑袋里对这个是没有概念的。不信你可以问问你们的父母，他们为什么结婚，他们一定会笑着说："傻孩子，男大当婚女大当嫁，这不是自然的事吗？"

对，在他们身上，结婚像是个自动程序，而且这个程序到了一定年龄就自动启动，必须结婚，不结就是不正常，就是"冒天下之大不韪"。

可是现在，人们突然会问这样的问题："我为什么要结婚？"或者"我为什么要和这个人结婚？"这两个问题背后，是个体觉知的提升。这说明人们越来越在乎自己的物质、精神、生理和心理等感受，有权利意识了，每个人对幸福和自我成全有了探索和自己的定义。这是进步!

再从离婚的原因上分析,有专家说,人们更倾向于离婚,是因为经济实力因素。用民间的话说,就是翅膀硬了,谁离开谁(无论男人离开女人,还是女人离开男人)都能活得好好的。

还有,再从离婚人群的年龄规律上看:22岁至35岁的人群是离婚主力军,36岁至60岁是婚姻平稳期,60岁以上的人群离婚率再度上扬。在我所代理的离婚起诉案件中,60岁以上的老人占到三成以上。

为什么60岁以上离婚的人多了?或许我的当事人高先生的肺腑之言能够解释这一原因,他说:"结婚二十多年,如人饮水,冷暖自知!我终于不再担心夜里有人翻我的手机而睡不着觉了。"这个年龄段的大部分人,他们的儿女已经工作结婚,有了自己的生活,他们终于可以为自己的幸福着想了。我认为,他们之所以离婚,纯属自我意识的觉醒。

通过上述社会现实,我们可以得出这样的结论:人们不再把结婚当作板上钉钉的定论,对结婚对象越来越挑剔了,对离婚不再那么恐惧了,这说明人们对自己越来越人性化了,自我意识在觉醒。

离婚率的升高与个体自我意识的觉醒成正比,这在东西方都已被证实。

我国的婚姻趋势,出现了与西方国家趋同的现象。婚姻家庭大规模的动荡趋势,始于二十世纪六十年代的欧美社会。

当时，一些自我意识较强又先知先觉的人们，发出这样的疑问："人均寿命不断延长，人类越来越富有，一夫一妻的婚姻制度，是否桎梏了我们对生活多元化的幸福追求？"

随着这种质疑的声音越来越多、越来越强烈，于是，西方世界掀起一场以"性自由""家庭革命"为标签的社会文化思潮，同居文化、不结婚文化、不生育文化、离婚文化等另类生活方式开始盛行。他们的目的就是探索和践行更现代、更快乐、更自由、更符合人性的生活方式。

随着全球化、现代化的浪潮，二十世纪七十年代末，这股思潮蔓延至中国，给我们国家比较稳定的婚姻现实带来了影响。

从人类进化和个人心智成长来看，这无疑是一桩好事。这就好比一个人，他原本什么都能吃，看起来身体也没有大碍。但这只是表象，实质上，他的健康状况并不容乐观，各项生命体征指标都不优良。然而有一天，他开始转变，变得特别娇气、特别敏锐，对衣食住行特别挑剔，但他的身体素质反而好了起来。相比之下，先前的不挑剔、不讲究其实是身心的麻木，现在的娇弱、挑剔恰恰是自我觉醒。

任何直接断言离婚率上升是好事还是坏事的态度都是武断的，但至少，在个体觉知这个层面上是好事。

那些煎熬中的红尘男女，逐渐觉醒了，他们转身发现了不一样的自我。就像余秀华一样，假如一个男人给她带来的快乐尚且不如一朵小花，那何不选择一个人过活？

一个按照自己喜欢的生活方式和节奏生活的人,才是真的励志、真的成功。

现在可以讨论一下,关于婚姻家庭生活,人的自我觉知到底是什么?它至少包括以下几层含义:

我想要什么样的人生?

我想要什么样的人生伴侣和婚姻生活?

婚姻生活中,什么是我能忍受的,什么是我不能忍受的?

万一不如意,我有没有选择或接受离婚的勇气?

这几个问题,要时常自问,唯有如此才能警钟长鸣、保持清醒,否则,一不小心就会活成自己最讨厌的样子。

3. 离婚不是错,有时恰恰是矫正与纠错

人们总爱嘲笑那些主动离婚的人,好像他们做了错事、坏事。可是,大家有没有反过来想一下,有多少人的婚姻,从一开始就错了?这种情况下,离婚不过是给我们一个纠错的机会。

我们的婚恋观有不理性之处

不得不承认,我们根深蒂固的婚恋观有不理性之处。在两性关系上,许多人觉得外国人态度草率,其实在某种程度上说,我们往往爱得不够纯粹,结婚又太急促。一方面,由于"不能早恋"等原因,我们的情感经验不足;另一方面,恋爱时我们又要求一爱到底,要有结果,不注重爱情的甜蜜度和性格的匹

配度，就是要一个结果，男人要女人嫁，女人要男人娶。

而"修成正果"后，又没有经营意识，认为结了婚就万事大吉了，这辈子可以一劳永逸，不用再努力，不用再费脑筋了。女人把男人当作一生的饭票、贴身保镖，男人把女人当作一生的护工、二十四小时保姆。

除了这种懵懵懂懂的婚姻，还有更离谱的，有些人的婚姻，是被父母催出来的或是被社会舆论压力逼出来的。

被父母催出来的不幸婚姻

慧是我的高中女同学，校花，人长得漂亮，性格温婉，几乎没有男孩不喜欢她，包括我。直到现在，我依旧认为当年的她美得无法抵抗。

大学毕业后，慧到县一中当语文老师。二十几岁那年，我见过她一次，满桌子都是小男生写给她的情书，看得我心里泛酸水。

单单是美貌和年轻倒也罢了，慧还多才多艺，唱歌、跳舞、主持都超棒，而且课教得也好，每年高考的文科状元都是她带出来的，她为学校争得了不少荣誉。这样一个才貌双全的女教师，渐渐引起了校长的注意。他爱上了她。

当然，她也爱上了他。

可惜，他是有妇之夫。

他没有勇气离婚，又放不下真爱，只能选择了离开，放弃公职，去一家遥远的私立学校就职。

她追随他同去。

想给他时间，让他随心选择。

二十八岁那年，很不幸，慧的父母同时得了重大疾病，父母以死相逼，求她赶紧嫁个可靠的男人，否则他们死不瞑目。

她爱得义无反顾，可他依旧沉默不语。

一半是赌气，一半是给父母一个交代，慧嫁了一位军人。

她同意和军人结婚，目的很不单纯。她根本不喜欢人家，只是把他当作让父母放心的一个道具。而且，军人常年在外，一年只有探亲假那几天回来，这样的婚姻有和没有差不多，是她特别想要的。

丈夫回来的那几天，慧怀孕有了孩子，这也是她能接受的。

也许当初慧只想着解决当务之急，没考虑长远，因为军人毕竟是要复员回来的。

孩子三岁那年，丈夫复员了，和慧在一个城市做公务员。和一个不爱的男人朝夕相处，慧受不了了；她更受不了的是，他影响了她和情人幽会以及不能幽会时狠狠思念的美好时光。

她和丈夫不仅无话、无交流，而且无性。

我纳闷的是，男人居然也同意了。

有名无实的婚姻就这样存续了十几年，直到国家放开二胎政策，丈夫想生二胎，慧坚决拒绝。于是，积压了多年的矛盾终于大爆发了。在激烈的争吵中，他们有了肢体冲突，慧被打断了两根肋骨。

丈夫提出离婚，于是她找到我这个律师。

她征求我的意见,我冷冷地告诉她:"离吧,你都利用了人家这么多年了。"

忠言自古逆耳,慧觉得我很无情,不向着她说话。

可是,我说的都是良心话啊。她的婚姻,从一开始就是错误,既不是爱情的结果,也不是平平淡淡的连理,而是心怀鬼胎。

她错了二十年,现在该纠错了。

当然,她也可以把错误变成正确,假如能在日复一日的生活中爱上她的丈夫,或者说不那么爱,但至少不烦,生出亲情也好。可惜,她什么都没有。

她对别人犯了错,对自己也犯了错。现在人家要强行纠错,她又不配合,人品上说不过去呀。

慧的这场婚姻,除了给父母生前一个交代外,还有何意义呢?

像慧这样的错误婚姻有很多,这是中国式婚姻的通病:高质量的婚姻是一门学问,而我们又无师可从。我们中的大多数人,大学一毕业便开始遭受亲属催促结婚的压力,再加上情感经验先天性不足,婚姻一旦出现问题,就束手无策。

"我们这一代,没有在恋爱中成长,结果直接在婚姻中试错。"一位来自北京的"80后"男生表示。他说的是多数人的婚姻现实,很悲凉、很无奈、很残酷。

婚前培训和婚姻救助机制势在必行

婚姻出现问题了,怎么办呢?

鉴于国内在婚姻救助机制方面的欠缺，大部分人在婚姻遭遇困惑时会本能地选择向父母和朋友倾诉，而中国式父母和朋友在其中所起的作用无异于"雪上加霜"。他们绝对站在自己的孩子或朋友这一方，火上浇油，加速了婚姻关系的破裂。因此，中国婚姻家庭咨询服务研究中心副主任王军，将父母称为年轻人婚姻的"第三者"。而年轻人也顺势成为由父母操控的"巨婴"，婚姻失败后也难以从中吸取教训，有所提高。

在漫长的婚姻生活中，哪有不出问题的呢？可惜我们缺少好的情感顾问，而中国式父母，真的不是好的情感顾问，他们往往是不良婚姻的缔造者或婚姻死亡的"加速器"。因此，建立现代婚姻家庭咨询和救助机制势在必行。关于现代人经营婚姻能力差的问题，有专业人士认为，"当下，我国各个行当都讲究岗位准入证，做保姆、钟点工都要培训。遗憾的是，唯有两门最重要的职业例外——做夫妻和做父母，无论是成人教育还是学历教育"。这道出了我国婚姻家庭教育上的问题，所以，我们强烈呼吁婚姻家庭咨询和救助机制的成型和落实。

而在这种补救机制建立之前，作为个人，我们还需要多学习，学习经营婚姻的学问和智慧。同时，当你们向父母或朋友倾诉时，最好保持独立的思考能力，这是成年人应有的智慧。

4. 当下之人，应勇敢地接受婚姻的各种生老病死

我们总是把婚姻看成一个定数，而不是一个变量，这是很病

态的一种心理。

事实上，婚姻是不定的。它只是生活方式的一种，即使结了婚，也只是人生的一种格局，一个背景，一个过程，而不是终点。婚姻有青春期、成熟期以及衰老期，会有各种不调状态。它也是有寿命的，有一天它会因意外终结或者"自然死亡"，寿终正寝。所以，一个拥有健全人格的人，应该平和地接受婚姻生活中的各种量变和质变。

若不接受这个道理，就会出问题。

我曾经在租房时遇到过一户"鬼魅"人家。

那是京西一个环境优美的古村落，一个村的房子都租出去了，只剩这户人家偌大的一个四合院空着。

我着急租房，也没打听什么，就住进去了。

谁知房东三天两头涨房租不说，还总是带人去看房，连我租的那间也不放过。刚刚谈好的条件，合同都写明了的，这不明摆着是有"神经病"吗！

房东确实有"神经病"，她全家人都有"神经病"，而且"病"得不轻！

因为她和丈夫特别恩爱，她特别依赖丈夫。两年前，她的丈夫因意外去世，她一个人没有生活能力，几乎无法生活。

我试图找房东的女儿理论一下，她的女儿二十几岁，感觉应该好沟通些，谁知道比她妈妈还不正常。

有一天电路坏了，我请求房东的女儿找人维修，她直接给我一句话:"我们娘儿俩呢,不会修。我爹会修,死了,你有本事把我爹喊出来。"她都把死人请出来了,我哪还敢续租啊?连夜卷铺盖走人。

从那时起,我就顿悟了,原来女人拥有独立的生活能力是多么的重要!那种离开男人就没法活的女人,坚决不能娶!我要的女人,一定是两个人能活,一个人也过得美的那种。

因为人会死,所以婚姻也会死,这是婚姻的自然死亡状态。

除此,婚姻还有另外两种死亡形态:由婚姻的一方或双方提出分手并最终离婚,可以认为这是婚姻的社会性解体或终结;经过分居、遗弃、失踪,最后通过法律程序宣告婚姻无效,也是婚姻死亡的一种形态。

第一、第三种婚姻死亡状态容易解决,第二种复杂麻烦,也是本书需要解决的问题。而这种婚姻解体的原因有很多,其中有一种状态是看不出什么问题,却过不下去了。

记得几年前收视率男神张嘉译演过一个电视剧,大概是讲夫妻俩特别好、特别顺,但就是两人的爱情日益消磨没了,关怀在、爱护在、亲情在,但男女之情不在了。最后,他们选择了离婚,做兄妹。生活中类似这种沟通越来越少、情感越来越淡的婚姻状态,在很多家庭存在,勇敢者便会选择放弃。

上面我们说的是婚姻会死,下面再来说婚姻会变,变味儿,变得不是你期望或先前令你满意的样子了。

两个人之间的爱,在婚姻中会逐渐从婚前的炽烈走向平和,也会因为生活的琐事变得索然无味。在岁月的长河里，原本花前月下的浪漫，渐渐归趋于长久陪伴的温暖。这份爱会随着孩子的出生、生活的奔波渐渐变得务实，没那么多花样和新鲜。不必怀疑，任何一对夫妻，都会审美疲劳。

这种情况下，你要接受，因为生活把曾经炽烈的爱化为了涓涓细流的关怀，变成了对家的付出，成为审美疲劳之下对家庭的担当。如果你天性浪漫，只要甜蜜蜜美滋滋，接受不了婚姻的平淡无奇，那就试着改善。若改善不了，最终还是要接受婚姻的死亡。

当然，既然缔结了婚姻，我们还是希望它能幸福圆满，这既是民生的需要，也是社会和谐的需要。要想解决婚姻社会属性方面的问题，还是要从微观入手，除了要在脑海中接受"爱情会老""婚姻会变会死"的现实，从根本上说，作为婚姻的缔结者，还要有"婚姻治疗"的意识。

"婚姻治疗"在我们听来还是个新词，其实早在二十世纪四十年代，有位英国医生就已经提出这个概念了，到二十世纪七八十年代，婚姻治疗在西方国家逐渐兴起，有两位美国心理学家还出版了《临床婚姻心理治疗指南》的专著。由于临床经验和专业知识的不断积累，到了现在，"婚姻治疗"已经日臻完善，在咨询心理学和心理治疗学里是正在迅速发展的部分。知识和经验的逐渐成熟、技术的日趋完善，为治疗婚姻提供了一个基础性保证，或者说是治疗婚姻的保障性理由。

遗憾的是,我们的社会舆论总有一种压倒性的倾向,即许多人都以为,结婚了就万事大吉了,缺乏养护婚姻和经营爱情的心理准备,更不用说实际行动了。少数有这种意识和行动的人,往往被人讥笑为"矫情"。无知真的很可怕。

突然想起那句日本谚语:水要流,鸟要飞,人要活。情场上的我们,也应该这样子,要变,要活,要有健全的人格,可以坦然地接受无常的一切。

5. 离婚自由体现了对人的价值和创造性的双重尊重

记得看过一篇报道,湖南省某县的一位先生,为庆祝离婚,不仅大摆宴席,还在酒楼前拉出"离婚快乐,苦尽甘来"的横幅。

电影《非诚勿扰2》也有一场"离婚典礼",男女主角宣誓不再爱对方,退还结婚戒指,一起剪掉"喜"。没想到,电影场景竟在现实中发生了。

我有个哥们,离了两次婚,结了三次婚,婚宴都在同一家酒店摆。他乐得张罗,我们也乐得祝福。

怎么选择是他的自由,一直祝福是我们的态度。

可喜的是,持理解态度的人越来越多了。这种宽容的背后,是社会对人的价值和创造性的双重尊重。

文明的社会一定是包容的社会。一方面,要承认并容许个体的差异,不能搞整齐划一、标准化,不符合标准就是大逆不道。另一方面,要尊重他人做出选择的权利。

为什么要容许个体的差异呢？王小波曾在自己的著作中引用大哲学家罗素先生的一句话："须知参差多态，乃是幸福的本源。"我特意查了原文，"To be without some of the things you want is an indispensable part of happiness."直译为：有些东西你想要而没有，是幸福不可缺少的一部分。雅译的中文更耐人寻味。

王小波在他的杂文集中表示：能容纳不同观点、不同生活方式的社会，才是一个幸福的社会。于个人来说，横向在范围广度看，不同个体间是存在差异的，不要因为你结婚而别人单身就议论指责，不要因为你婚姻幸福而别人离婚就指指点点；纵向在时间长度看，即使同一个体自身也是不断变化的，曾经的山盟海誓也难免会变。所以不要用自己的标准去衡量他人，也不要因为现在的境况就笃定未来一定幸福。世间百态，参差不齐，能容忍不同，社会才是幸福的大花园。

为什么要尊重他人选择的权利呢？一个国家的法律也好，一家企业组织的制度也好，都是在处理人与人之间的关系。但是，处理人与人之间的关系的前提是承认个人的权利，真正的文明一定是建立在尊重个体权利的基础上的。这又包括两个方向，一是尊重他人利己的权利，二是尊重他人选择的自由。

经济学鼻祖亚当·斯密在《道德情操论》中说："自私是生物的天性，是生存和繁衍的依据。"所以，我们应该允许个体存有私心，做出利己的选择，选择更好的伴侣，选择更好的生活，这和允许他们选择更好的工作和老板一样。你可以为了物质利益或高质量的性生活而移情别恋,但最好要坦荡磊落。而作为被离婚的一方,要宽容地对待变心的翅膀,而不是折断它。连伟人恩格斯都说了,任何维系"死亡婚姻"的做法,都是有悖人性的不道德行为。

事实证明,个人选择越多的社会,越能激发人们的创造性。他有离开的自由,你也有重新精彩过活的自由,二者都需要勇气。

你尊重了个体的这两项权益,就等于是解放他的生产力,而无数个这样的他组合在一起,就是健全的组织,就是文明的社会,就是强大的国家。

当然,离婚率的上升也反映了人们价值取向的多元化,虽然我们不能以点带面说离婚率上升是社会进步的表现,但是,社会对离婚的包容,一定是美好上升的态势。

只有每一个人的价值被尊重,人对自由、幸福的需要被满足,才能迸发创造性,才能推动社会进步、经济的发展,我们的国家才能变得更强。个体和国家,其实是命运共同体。

6. 不再用离婚衡量人生成败与人品好坏

某男和妻子离婚了,人们总是用异样的眼光看他,仿佛他就是忘恩负义、不负责任、道德败坏的"陈世美",恨不得把全世界诅咒人的话都找出来骂他。

某女被离婚了,人们要么幸灾乐祸地嘲讽她,要么假惺惺地怜悯她,总之就是她的人生完败,是个可怜虫。

像咪蒙那么勇敢体面,发了那么真诚的离婚声明,也还是被群讽,甚至有人说她遭到了报应。

其实,无论我们认不认同咪蒙的三观,都不应该用婚姻的成败去定义人家人生的成败。

离婚不是她的错,更不是她的失败,正如咪蒙的回应一样:"所谓时代的进步,不就是,不再用婚姻的成败去定义人生的成败吗?"

这才是一个当代成熟女性应该有的离婚态度。

离婚并不等于婚姻完败

任何人的人生都不止一个层面,它是饱满的、涵盖了很多层次,比如健康、工作、亲友、家庭、婚姻、见识等,婚姻只是其中一面。即使是在男女关系上,一段婚姻也只是漫漫情路的一个节点,这一次婚姻不幸福,还有下一次。只要你从这次的婚姻中总结经验,好好反省,好好经营下一段婚姻,还是有无数幸福的可能。有吸取教训把下一段婚姻经营得活色生香的积极复盘者,有被抛弃后华丽转身的人生逆袭者……幸福的例子比比皆是。

婚姻失败和人品无关

婚姻失败可能和人格不完善有关,和情商低有关,和不会沟

第一章　离婚不是原罪和人格污点

通有关，但真的不该和人品建立任何关联。

有很多心地善良，处处为人着想，才华横溢、能力突出的人离婚或被离婚了。而且，越是人品过硬的人，越容易婚姻失败，为什么呢？

因为他们总是隐忍，总是付出，总是为了工作、为了事业而牺牲自己陪伴家人的时间，没有精力好好经营婚姻。所以，因为离婚而轻易地说他们人品不好，真的有失公允。

即使是那些主动离婚的人，也并不等于不道德，有时候，恰恰是有道德的表现。

以前，小羽一直天真地认为，谁主动提出离婚谁就是坏蛋，是负心人！直到那天，她看到丈夫青春焕发的样子，虽然并不是因为她，但她还是很开心，并决心当那个主动提出离婚的人。

小羽是在最落魄的时候，被丈夫的体贴感动才嫁给他的。爱情最容易侵袭脆弱的心灵，他们之间大概就是如此吧。

结婚十年，他们只有形式上的夫妻生活，却一次都没有高潮，但她总是在装。

他们没有精神的交流，他爱看美剧，她只爱看言情剧。

她对生活特别有要求，他对什么都不讲究。

他们也没有孩子。

公婆和丈夫都特别爱护小羽，并没有给她任何压力。这点，她很感动，早就下定决心生是他家的人死是他家的鬼。

可是却无趣。

她无光,他也暗淡,互相不滋养。

有一天,她感觉到丈夫变了,变得温柔体贴,容光焕发。

原来,丈夫被一个小女同事喜欢并崇拜上了。

从丈夫的言谈举止中,小羽能感觉到他其实已经动心了,只不过因为粗线条、不敏感,意识不到自己的心理变化。从丈夫的言谈和描述中,小羽认定她是丈夫的菜,于是就刻意撮合他们两个。

然后,小羽就提出了离婚。

丈夫并不想离婚,于是无理取闹,认为小羽旧情难忘,各种找碴。小羽默默地承受一切,听凭他发落。

"房子归我,你走人,钱我慢慢还你。"小羽同意了。

"对外必须说我甩的你,不能说你甩的我。"小羽也同意了。

离婚不到一个礼拜,他就和小女同事住到了一起,说是为了报复小羽,其实是真爱。

而小羽,一直未婚,她说,不想在婚姻上实现自我价值了,她有更好的选择。

能说小羽道德败坏吗?她是伟大的主动离婚者为了成全丈夫享受真爱,勇敢地背负了"负心"的罪名,却不为人知。

婚姻失败了,并不意味着人生就失败了

有一次,我在一个女性居多的群里聊天,聊起那些自己认识的漂亮能干的女性,其中一位女士说起了自己的女同学。她的女同学,从小成绩就好,名牌大学毕业,又是公司高管……末了,

她很遗憾说："可惜，婚姻不幸福，离婚了。"然后，引来一大群人跟着唏嘘，甚至有人说："混得再好有啥用，婚姻不幸福。"

与此情形类似的，还有讨论生育问题。说到某某夫妻很有钱，可以畅游世界，最后来一句转折："可惜，两个人没有孩子，现在自在，等老了，有他们难受的时候！"又带来一阵遗憾的附和。

在中国社会生活中，历来存在着这样一条鄙视链：

已婚的瞧不上未婚的。那些结了婚的人，尤其是女人，不管自己的婚姻多么不幸福，看见单身的女人，无论这个单身女人的生活质量有多高，仍会有种迷之优越感，仿佛有男人娶了自己，便更胜一筹了。

没离婚的瞧不起离婚的。不管自己的婚姻经营得多么蹩脚、凑合得多窝囊，但凡没有离婚的，总会对离婚的人带着点否定与质疑。

有孩子的又瞧不起没孩子的，好像没有孩子的家庭是残缺的，把人家和"绝户""没有未来"联系起来，对于那些选择不要孩子的夫妻，总是颇有微词。

现在甚至发展到了，两个孩子的家庭瞧不起独生子女的家庭；有两个孩子的家庭，儿女双全的，又瞧不起两个儿子或两个女儿的。

其实我们很容易生活在这种世俗的攀比里，总拿自己有的，比别人缺的。好像有了婚姻、有了孩子，人生才算圆满一样。

人生的意义并不在于一定要拥有一段美好的婚姻，而是在于自我价值的实现。

不要因为别人的婚姻失败了,就否定人家的整个人生,诚如渡边淳一所言:"总而言之,离婚并不是人生的失败,而是向美好人生迈进了一步。如果未来社会能够更加理解离婚,并不把它视为不善,那么,无论男人还是女人都将能够自由地拓展自己人生的道路,度过更为充实的一生。"

7. 宁死不离的人啊,心里到底都在嘀咕什么

假如你知道那些宁死不离的人心里都在想什么,你就会明白他们有多可怜,而那些好聚好散、好好离婚的人有多勇敢。

她不是别人,是我的一个远房亲戚——一位六十七岁的老妇人。

三年前,她的老伴去世了,客死在去他乡的火车上。因为夫妻长期不和,无法在一起生活,所以她的老伴儿一直四处奔波,无论退休前还是退休后,一有机会就往外跑,四海为家,只有逢年过节才回去。

她说:"所有的妇科疾病都和我无缘,因为我从二十七岁时就没有夫妻生活了。"

我突然了解了她自卑的根源,一个长期不被丈夫生理需要的女人,能不自卑吗?

此外,她的自卑感还源于她的父亲,她从小就被父亲遗弃了。

关于她,想说的太多,碍于主题,还是只说她的婚姻吧。

她和丈夫的婚姻根本没有爱情,当时之所以嫁给他,原因只

有一个：他肯倒插门，并且同意假如生男孩就随她的姓。

第一胎生了男孩，孩子随她姓，丈夫没有意见。可是儿子一岁时，公公来看孙子，骂丈夫不孝，生了孙子却随女方姓。

被父亲一闹腾，丈夫的态度立马变了。你看，中国的问题"巨婴"，处处皆是。原本在自己的价值观里，倒插门没啥，可是父亲一不同意，翻脸比翻书都快，所有先前说好的你情我愿即刻分崩离析。丈夫逼她给孩子改姓，她不同意，丈夫把她一顿痛打之后，开始对她各种惩罚：

遁入无性婚姻；

家务活一概不干，从油瓶倒了不扶，到家里建房子，全是她的事；

家庭开支一分钱不出，挣的钱全供自己玩乐消遣；

自己的孩子不管不顾，仿佛是别人家的孩子。

在这个家里，男主人完完全全、彻头彻尾成了一个摆设。而她，则像一头没有尊严、没有美感和幸福感的骆驼。

她说想了一万次离婚，每次都在去单位开介绍信的半路上放弃了。

为什么不离婚呢？我问她都想了些什么。她说想的很多，比如：

自己离婚了，那些先前追求自己的男人，得多幸灾乐祸啊；

自己成了单亲妈妈，会抬不起头来，丢人，好歹他是孩子的亲爹，总比没爹强，比后爹强；

带着孩子，"拖油瓶"，再嫁很难，女人一个人怎么可以过完一生?

……

她的这些理由,几乎囊括了不离婚女性的所有心声。可这林林总总的理由真的站得住脚吗?

且听我一一分析。

每个人都在忙自己的生活,没人盯着你那点破事,有点自知之明好不好,你不是地球的中心,所以,那些先前追求你的男人,根本不会幸灾乐祸。依然爱你的会为你心疼,不爱你的依然无情,两不相干。

亲爹也未必比后爹好,甚至不如没爹好。据我所知,她孩子的这个亲爹,因为痛恨儿子不随自己姓,儿子落水时都不会相救,而且每每被人议论倒插门的事,回到家里还对儿子拳打脚踢。这样的亲爹,不如没有。

即使在过去,离异的女性也有独立完整的人格,比如张幼仪,被徐志摩那么无视,还不是赢了个盆满钵满,不仅比徐志摩、陆小曼都长寿,还成了人生赢家。

在任何一个时代,都有带着孩子改嫁成功的女人,一切皆有可能,幸福是自己成全的。

所以,那些在婚姻里"一粒米"都没有的人,宁死不离的所有理由,都经不起推敲。而他们所有的理由,都不过是自己懦弱无能的借口、挡箭牌。

再说一个让你们啼笑皆非的事,那年秋天,在得知她的丈夫去世后，我去看望并安慰她。她和那些永失我爱的女人一样，哭得死去活来，我完全招架不住，这确实超出我的预料。我觉得她的丈夫的离开对她是一种解脱，因为她总在痛恨她的丈夫，这么一个可恨的人走了，好好料理后事就完了吧，她为何哭得那么伤心呢？

后来我懂了，其实她不是在为死去的丈夫哭，而是为自己的命运哭，幼年时被父亲抛弃，成年后婚姻不幸，她是在哭自己。

等她平静下来后，关于为何不离婚，她又有了新感悟，她说："有的时候不觉得有，没了才知道什么是没了。这男人啊，就像门口的一根柱子，总是立在那里，好歹是个门面支撑，没了，才知道少了那么一道。"

其实我知道，她这是心理定式，习惯自欺欺人。其实，归根结底，还是懦弱、自卑。

像这样的女人，你永远都没必要劝她离婚。

她生命中最重要的两个男人，一个遗弃她，一个嫌弃她。父亲不疼，丈夫不爱，这对任何一个女人，都是莫大的耻辱、致命的打击。

现在，她还是特别不阳光地活着，特别逞强，又特别羸弱。

其实，她完全没有必要这样受罪，任凭自卑吞噬自己。放在现在的法律背景下分析，她完全可以拿起法律的武器来保护自己。

第一，丈夫因为儿子不随自己姓，就不承担抚养义务，是违法的。

抚养孩子是父母的法定责任和义务，不能免除。在情理上，儿子随母姓是他们结婚前就商定的事情，就应该承担其结果，不能出尔反尔。在法理上，即将于2021年1月1日实施的《中华人民共和国民法典》第1015条指出，自然人的姓氏应当随父姓或者母姓。她的丈夫因为儿子不随自己的姓氏就拒绝抚养，是违法的。

第二，在婚姻内长期被"性惩罚"，她该怎么办？

夫妻之间互相享有配偶权，配偶权的核心是性权利，这种权利义务的实现需要双方同时履行和协调配合，而且配合双方既是权利主体，又是义务主体，缺一不可。配偶权派生的同居权是婚后男女双方都享有与对方以配偶身份共同生活于同一住所的权利，另一方有与对方同居的义务，包括夫妻间的性生活、共同寝食和相互扶助等权利。一方没有任何理由拒绝尽夫妻间的义务，她遇到的这种情况，可以看成是一种精神虐待或家庭暴力。她可以起诉至法院，法官会根据自由裁量权认定"感情破裂"，判决离婚。

8. 世间的男女关系，缺乏最基本的善意

既然变心不是错，离婚不是罪，那为什么总有那么多的夫妻离婚大战上"热搜"，双方大打出手，弄得身败名裂甚至闹出人命来呢？

因为我们的男女关系，缺乏最基本的善意和人道主义。从民女村妇到都市白领行业精英，再到明星大腕，无论学历高低、教

养好坏，一旦爱不成，那就往死里整。

一个姐姐告诉我，她们学校校长的妻子，离婚后嫁给了校长的好友，两人特别恩爱，而且校长的好友比校长更有钱、更有名望。这位校长见不得前妻过得好，硬是把自己气病了，还把自己哥们儿给揍了。这是普通人中的"离不起"。

再来看公众人物，公众人物本身就自带流量和传播效应，理应更体面、理性，殊不知他们现实中的离婚大戏远比荧屏上的故事更跌宕起伏。王某与马某，这对冤家，为财产、为孩子的抚养权上演了跨年大戏，着实让网友们好好当了一回"吃瓜群众"。

真实情况究竟如何，外人不得而知。但有一点可以明确的是，马女士真能闹，不时爆个料，送前夫上一次"热搜"。马女士心真硬，据说前婆婆病逝，她高调晒幸福，仿佛前夫家越倒霉她越开心。

老话说："一日夫妻百日恩。"连最基本的体面都不给自己和对方留，真是令人唏嘘。

人生最难堪的，莫过于从前同床共枕，某一日恩断义绝反目成仇。因为先前的至亲至爱，他了解你所有的隐私与不堪，所以一旦展开报复，后果不堪设想。

在善意上，我们退步了。

第二章
"中国式"离婚的跨学科解析

> **导读**
>
> 一个有家国情怀的人,
> 应该用更广阔的视角来看待离婚,思考:
>
> 新中国成立以来,三次离婚高潮各有何特点?
> 为什么"中国式"离婚的特性如此鲜明?
> 现代的男女关系呈现出怎样的痛点?
>
> 只有对离婚现象作跨学科分析,
> 才能做出恰如其分的判断,
> 那时你将发现——自古以来,
> 离婚从来都不是一个人的感情用事,
> 而是一种社会现象。

9. 新中国三次离婚高潮回顾

人们总爱把离婚断定为某个人的人品问题或一个家庭的经营问题，很少有人把它与时代的脉搏和社会问题挂钩。而当我们回顾这些年，在时代架构下国内离婚现象的波动情况时，就会发现，离婚真的不只是几个饮食男女过不下去了这么简单。

中国的离婚率是自二十世纪八十年代之后才连年上升的，期间经历过几次上升高峰。"改革开放以来，在社会大变革、经济大发展和全球化的背景下，以婚姻为纽带连接起来的家庭关系承受越来越大的冲击。"当然，在改革开放以前、中华人民共和国建立之后，也有过两次离婚大潮，分别是1950年和1960年。

1950年4月13日，《中华人民共和国婚姻法》颁布，规定中华人民共和国公民可以自由结婚和离婚，禁止包办婚姻、纳妾和童婚，但有个前提条件，就是调解劝解无效才允许离婚，使得中华人民共和国成立以来出现了第一次离婚的高峰。短短两年，法院受理的离婚案件总数从1950年的18.6万件猛升到1953年的117万件，粗离婚率首次突破1‰，高达1.99‰。

井喷过后，1954年离婚率开始大幅度地回落，一直到1960年都保持在0.5‰左右。

1960年，在"反右倾"斗争扩大化、"大跃进"和"人民公社化运动"等政治运动的影响下，家庭团结和婚姻稳定被打破，于是形成1960年的又一次离婚潮。

如果说第一次离婚潮是人性的解放，那第二次离婚潮便是人性趋利避害的彰显。那第三次离婚潮呢？第三次离婚潮是人情、人性在财富面前的大暴露。

第三次离婚潮发生在二十世纪八十年代以后。八十年代以来，离婚率持续增长。离婚高峰主要集中在1981年、2001年和2003年的三次《婚姻法》修订和2008年的金融危机。

1981年，在改革开放浪潮的推动下，人们的思想愈发开放，新的《婚姻法》出台。该版《婚姻法》放宽了对离婚的约束，比如，规定如果婚姻双方有一方发现另一方有婚外情、家庭暴力、吸毒或赌博，则允许离婚。另外，如果一方要求离婚，即使另一方不同意，法院可以认定"双方感情彻底破裂"，判决离婚。在新《婚姻法》的鼓力和支持下，人们离婚的念想再也不用压抑了，从而迎来了改革开放后的第一次离婚高峰。

2001年，《婚姻法》又进行修订，修改了结婚条件并增设了无效婚姻和可撤销婚姻制度，增加了有关离婚法定理由的列举性规定，确定离婚时未获得抚养权的父亲或母亲享有对子女的探望权，以及对离婚时付出较多义务的一方给予补偿等内容。这些宽泛的条款在一定程度上也解除了一部分人对于离婚的后顾之忧，又导致了新一波的离婚潮。

尽管《婚姻法》几经修订，但在2003年以前，离婚仍然还是一件比较麻烦的事情，需要雇主或居委会的书面许可。碍于面子，怕离婚被人笑话、背后被人"戳脊梁骨"，许多夫妻只得维持名存实亡的婚姻关系。但是，2003年修订的《婚姻法》删除了这一要求，简化了程序，使得离婚证的取得不再那么麻烦。因为本次修订，离婚从程序上不再是一件令人特别头疼的事了，于是，引发了又一轮离婚大潮。

综上所述，离婚率的波动也是时代发展变迁的明镜，它真实地照射出一段时期内社会政治、经济、法制建设、文化、风气、人心各方面的改变与革新。社会生活中任何一个"点"的摆动，都会以"线""面"的扩张规律影响社会整个机体，真可谓牵一发而动全身。正因为如此，我们才要好好正视离婚，不能对离婚现象作单"点"论断，不能简单地把离婚率的升高认定为个人因素，微观上，不再把一对夫妻的离婚判定为某一方的人品问题。这对我们全社会树立良性、理性的离婚观，是至关重要的。

10. 离婚本是中性词

超级名模米兰达·可儿与前夫奥兰多·布鲁姆，两人因工作原因，聚少离多，在结婚三年后，以和平的方式结束了婚姻。奥兰多在接受采访时表示，他和米兰达不是朋友而是家人关系，"我们深爱着彼此，虽然分手了，但是我们还是一家人，这是毫无疑问的。不过可惜的是，我们的关系不再是丈夫和妻子，而是孩子的爸爸、妈妈。"在对待孩子的问题上，他们十分理智，决定共同抚养儿子，完全没有争夺抚养权的问题。

德国女思想家汉娜·阿伦特，在第二任丈夫去世之后，虽然她已满脸皱纹美人迟暮，但仍有人向她求婚。

我们可能会问：为什么他们离婚了，却能保持像家人一样的关系？为什么她容颜不再，还会有人追求？在中国，很多人认为一个人离婚了，就是人品不好，就是人生完败。

一言蔽之，在中国，离婚是贬义词，是闭区间词，人们排斥它、惧怕它。在西方，离婚是个中性词，人们把离婚仅仅看作是一个客观的事实。

为什么中国人对离婚带有这么强烈的偏见色彩？回溯古老的中国传统文化，离婚自古就不是个喜庆的存在。

认为离婚是贬义词，背后是"桃花灼灼"的婚配传统文化

从古至今，在漫漫历史长河中，中国社会一直以婚姻关系稳定为特色。婚姻稳定、家庭和睦是主流价值观，根深蒂固，有朗朗上口的古代爱情诗词为证：

"桃之夭夭，灼灼其华。之子于归，宜其室家。桃之夭夭，有蕡其实。之子于归，宜其家室。桃之夭夭，其叶蓁蓁。之子于归，宜其家人。"这首《桃夭》，写出了女子出嫁时对婚姻生活的美好愿景，用枝叶茂密的桃树来比喻婚姻生活的幸福美满，多子多福，爱情长青。

"在天愿作比翼鸟，在地愿为连理枝。"这首《长恨歌》体现出君王夫妻之间的浓情蜜意。"何当共剪西窗烛？却话巴山夜雨时。"这首《雨夜寄北》描写的是文人夫妻之间的相爱相合。"夫妻双双把家还，你耕田来我织布，我挑水来你浇园，寒窑虽破能避风雨,夫妻恩爱苦也甜。你我好比鸳鸯鸟,比翼双飞在人间。"这耳熟能详的黄梅调经典戏词,描写的是农民夫妻之间的恩爱有加……

从这些具有代表性的诗词歌赋中可以看出,在中国古代,上至君王将相,下至平民百姓,夫妻之间的关系都是和美恩爱、两情相悦的,天长地久是主旋律。到了现代社会,这样的主旋律对我们依然有影响,婚姻关系一旦缔结,就身不由己地进入社会考核系统,一定要白头偕老、恩爱和睦,半路分道扬镳仿佛是"大逆不道"。正因为如此,离婚才显得那么"越轨",被家庭当成大忌,被社会所不容。而离婚之后要想再婚也难,尤其是女性,因为中国古代女性受"三从四德"和贞操观念的束缚,如果再婚,那就是"不贞洁",而这种思想观念一代传一代,直到现在依然残存。

离婚是个闭区间词,背后是农耕文明下的生存稳定性

何谓闭区间?该词汇由褚世杰在《有关中国目前离婚率日趋上升的社会学思考》一文中提出,就是说离婚有一定的区间范围限制,即年龄区间,这是由我国法定结婚年龄和退休年龄造成的。《民法典》第1047条规定:"结婚年龄,男不得早于22周岁,女不得早于20周岁。"因此,在20岁或22岁之前,法律不允许结婚,所以根本谈不上离婚。而退休后人们普遍的生活目标是安度晚年,即使是不合意的婚姻,经过多年的忍耐也习以为常了。另一方面,有些人也会碍于怕给子女丢脸,怕被评价为"晚节不保""为老不尊",因此,退休以后离婚现象也较少。当然,这也不是绝对的。

闭区间词背后，折射的是人们对稳定性的偏爱和对新事物的排斥。不爱求新，对新事物接受慢，又和我们农耕文明的文化特征有关。

纵观人类文明的进化过程，有学者概括为三种不同的类型：农耕文明（中国为代表）、海洋文明（欧洲为代表）和游牧文明（西亚为代表）。历史悠久的农耕文明，是中华文明的重要内涵，对乡土、礼俗、土地、气候的深深依恋，流淌在我们的血液里，我们有情怀没有侵略性，但和其他两种文明比较起来，也有缺点，比如，受制于土地和天气，比较被动；缺乏冒险精神，难于主动求变。凡此种种，在国民心理上，难免形成能忍则忍得过且过的心态。这就是离婚这个闭区间词背后的国民性格根源。

以上是我站在传统婚配文化和农耕文明的角度，对离婚这个词的词性作出的两点思考。无论是班门弄斧也好，不自量力也罢，仍希望能够将自己对中国目前离婚率日趋上升的思考展示出来，从而告诉大家，时至今日，我们应该对"离婚"的词性重新界定。健全的国民心态，不应该把离婚等同于天塌地陷的丑闻，把它局限在字面含义就好，离婚就是离婚，只是离婚。

11. 社会学观察：核心家庭转变过程中，功利主义的式微与感觉主义的昌盛

核心家庭是一个人口学概念，是指由一对夫妇及未婚子女

（无论有无血缘关系）组成的家庭，通常称为"小家庭"。这一概念，是美国著名人类学家默多克通过对二百五十个家庭的研究，在《社会结构》（1949）中依其亲属关系进行分类后界说的一种家庭形态，用以研究家庭结构变化所产生的婚姻、家庭教育与社会设施等问题。与它相对的是主干家庭。

主干家庭，亦称直系家庭。是指以父母为主干的一种家庭形式。具体有：（1）由父母（或父母一方）和一对已婚子女组成的家庭。（2）由父母（或父母一方）、一对已婚子女及子女的子女共同组成的家庭。（3）由父母（或父母一方）、一对已婚子女及其他家属（主要是子女的未婚兄弟姐妹）组成的家庭。它主要从代数结构的角度来划分，是扩大家庭与核心家庭的折中形式。

已经过去的十余年里，中国的家庭结构已经产生较为明显的变化，集中体现在两点。

第一，主干家庭下降，核心家庭的比重越来越大。

"主干家庭"在二十世纪七十年代曾占到百分之三十的比例，现在已下降到百分之十几。未来十年，主干家庭会继续下降，而最明显的趋势肯定是核心家庭的比重会越来越大。

第二，核心家庭的价值观转变。

中国社会科学院社会学研究所研究员李银河认为，中国正在通过几代人完成核心家庭的转变，即以亲子关系为轴心转向以夫妻关系为轴心。在以往家族主义浓厚的社会风气下，婚姻起着侍奉父母、承继宗族的功能，而在核心家庭转变的过程中，夫妻双方的感情越来越被人们看重。不仅有很多年轻的家庭选择了丁克，即使是那些已经有了孩子的父母，也不再像以往那样把亲子关系凌驾于夫妻关系之上。而那些年长的夫妻，也不再像以前那样退休以后把"最美夕阳红"奉献给帮子女看护下一代上面，他们开始享受退休后的生活，注重精神享受和自我价值完善。

中国式家庭结构的重大变化，给婚姻领域带来了什么样的影响呢？答案直接又明显：从两方面加剧了离婚率的攀升。

首先，核心家庭夫妻之间，在注重生活质量和精神享受上价值观是一致的，但是问题来了，俗话说"饱暖思淫欲"，意即人在食饱衣暖之时，则生淫欲享乐之心，有了"别的想法"，开始想三想四了。这也符合马斯洛的需求层次理论。

其次，核心家庭男女之间的情感维系少了孩子这条纽带，彼此放不下的牵挂和羁绊少了，主要靠彼此的感觉和满意度，婚姻基础薄弱易变。而出现问题时，又少了主干家庭成员的监督和施压，故而特别脆弱。有时候一句话说不对，冲动行事，说离就离，关键时刻没有其他家庭成员来撮合打圆场，即使事后不想离婚，出于面子和"说到做到"也得离。

还有一点也非常重要，前面我们说过，离婚在我国本是闭区间词，可是由于核心家庭的价值观转变，人们更加注重个人感受了，一些老年人退休后也不再为子女照看下一代，他们开始有大把的时间思考幸福以及未来的种种可能，从而导致退休人群的离婚率也升高了。在主干家庭中，爷爷、奶奶或者外公、外婆，给子女看孩子，你做饭我买菜，一起去公园遛弯儿，倒也安稳。当不被核心家庭需要时，他们开始重新思考人生，不被子女抚养问题束缚，退休后放飞自我的概率也加大了。

根据中国社会科学院社会学所研究员李银河的观点，从全世界的经验来看，当乡土社会向城市社会过渡完成后，离婚率会出现飙升。中国长期以来处于乡土关系社会，同时中国是相对家庭本位的社会，所以我国二十世纪七十年代的离结率（当年离婚数除以结婚数）大约为2%，这是相当低的一个数字。美国的离结率大概是50%，我国二十世纪九十年代，离结率上升到14%，现在已经到20%以上了。

中国家庭结构发展到今天，由几代同堂到主干家庭、核心家庭、丁克家庭，再到"一人户"，传统的家庭模式在渐渐瓦解，多元化的组合在形成。变化是潜移默化的，从个人层面来说是越来越自由，从社会和国家层面来说意味着对社会配套制度的挑战。为了满足对美好幸福婚姻生活的需求，作为个体，我们要做好心理建设，而国家要做好配套制度建设，社会风气要包容开放。在这样的格局和氛围下，人们对美好生活的向往和国家对社会稳定的诉求是完全可以实现共赢的。

12. 经济学观察：影响婚姻稳定的经济社会变量增多，婚姻维稳不易

离婚率升高也与中国经济社会方方面面的变化有关。近一二

十年来，中国经济社会变化较大，社会环境变数增多，这些变量，对婚姻赖以稳定的基础形成了一定的冲击，诸如个人经济地位可能迅速出现变化、女性在社会经济生活中的地位渐高、人口流动率越来越高，等等。在这些变量中，婚姻也变得风雨飘摇。

经济科技的发展，让独居不再是一件难消受的事

客观而论，婚姻只是生活方式之一。现在，这种生活方式更显得不是那么非选不可了。

《家庭论》的作者行为经济学大师加里·斯坦利·贝克尔曾分析，个人主义之所以取代了家庭主义，是因为传统社会中许多家庭功能已被现代社会中的市场和其他组织所取代了，而后者则具有更高的效率。在中国当下，随着城市化的发展，社会分工和家庭组织也在快速发生变化，独居并不是一件特别难耐的事。

一个人也可以活得很舒服安逸。我们都知道，男人的"男"字是"田＋力"，"男主外女主内"好像是我们一直以来约定俗成的，这样的角色分配，其实是跟传统社会中，男性和女性在婚姻家庭中所提供的不同价值有关。

但是，在现代社会，不管男性或女性，都可以借助市场或其他组织完成很多以前单靠自己的能力做不到的事情。比如，男人不再依赖女人下厨房，他可以到餐馆用餐，享受周到的服务，吃上可口的饭菜；女人不再依赖男人来修理东西，她可以找物业人员来修理。再如孩子的接送问题、教育问题，都有专门的机构来帮你高质量地完成，你只需要付费就好了。在这样的情形下，婚姻的功能，或者说婚姻对我们的意义就变轻了。

可能有人说，这些都是生活琐事，涉及精神生活方面的就难以满足了，也就是俗话说的"少来夫妻老来伴"。现在，即使不结婚，精神陪伴问题也能解决。社交媒体打破了人与人之间的界限，改变了我们的相处方式。比如，当你遇到了一些不开心的事情，想找一个人诉说，又不一定想跟朋友或者闺蜜分享的时候，陌生交友软件可以帮助你。彼此都不知道对方是谁，但是你可以跟他说心里话，甚至还能有莫名的安全感，再加上我们每一个人都有利他的愿望，所以来自陌生人的回应，有时候感觉尤其温暖。

像以前父母长辈们嘟囔单身人的老话"你不结婚，怎么吃饭，谁给你洗衣服？有个三长两短谁照顾你……"已不再适用于现代社会，这些不结婚就成问题的问题已经不再是问题了。

一个人也可以"结婚"。不久前，日本有一个人宣布他和初音未来结婚了，而初音未来是个二次元的虚拟人物。

你看，一个人不仅可以活得很好，还可以和自我设定的结婚对象结婚。

这说明，单身、离婚并不是一件可怕难受的事，所以，人们对离婚的顾虑极大地减轻了。

职业流动性加大了出轨的可能性

除了经济原因，导致"70后"离婚的"杀手"依次是婚外恋和长年分居。而这些"杀手",也都和社会经济变量有关。也就是说,社会发展和时代进步,给个人生活带来更多的选择机会和自由空间时,也带来了更深的人际矛盾与更大的情感风险。

有个开出租车的朋友,每天都会接触各种层面的人,见多识广,听乘客口述过各种各样的离婚原因。他说,那些长期出差的白领,大都有一夜情和情人,婚姻多是摆设。有一次他拉了一个年轻乘客,已经离过两次婚了,每次离婚的理由都相同:他总是出差,一年三百六十五天,他在家不到三十天。他也不想离婚,尽管他不缺性伴侣,但是依然想要一个稳定的家。可是职业要求他出差,这种节奏令他痛苦焦虑,又令他离不开,他习惯了这种漂泊感,每天都新鲜有活力。

通过司机朋友总结的离婚规律,我们不难发现,包括地域流动和职业流动在内的社会流动增加,工作紧张,出差频繁,夫妻相处时间缩减,再加上社交圈的扩大,文娱场所的开放,结识异性的机会增多了,共同造就了婚外情这个婚姻大"杀手"。

地域流动性导致自律未建立,他律却松了

我的一位当事人和我说,她至今后悔不该把丈夫从四川农村赶到深圳去创业,"他发了财,心就不在家里了,和他的秘书在一起了。我现在多么希望把他再拉回那个穷山沟里,他挑水来我浇园。"

我就想，在我的老家农村，同样是花边新闻不断，村东的老张和村西老李的媳妇，放羊的大叔和养鸡的大嫂，也是瓜田李下，但终归是没离。

事是一样的事，为什么结局大不同？因为在农村，大环境稳定又熟稔，你也懒得有大动作，闹腾起来也自知兜不住，乡里乡亲低头不见抬头见，怕人笑话。而活跃在大都市的人们就不是这样了，他们的出轨貌似是个人事件，可每一步思想行为的变化又和他身处的大环境不无关系。我们现在就来梳理一下这位当事人的丈夫的出轨脉络图：

第一步，在经济利益的刺激下，妻子敦促他"下海"。从这方面说，他的妻子是"搬起石头砸自己的脚"。

第二步，他来到了深圳，这里人口流动性和职业流动性都很大。钱好挣，社交面广，人群也复杂。他在工作中认识了新的女性朋友。

第三步，他自己很犹豫，也有犯罪感，于是他咨询身边的朋友该怎么办，得到的结果不再是以前老家农村里劝和不劝离的陈词滥调。这里人们追求快乐至上，他觉得新奇，这新奇又壮大了他的胆量。

第四步，他自己也起了侥幸心理。妻子不在身边，即使犯了错，也没人知道；或者即使知道了，也不怕丢人，因为谁都不认识谁。

可见，离婚率增加也与社会环境的多元开放有关，人口流动性的增加在加剧情感风险的同时，又促成了个人观念的多元开放，

"以前一个人提到离婚，周围的人会对此议论纷纷，对离婚当事人形成一定的压力，如今，社会环境多元开放，公众对离婚及结婚的决定也变得更加容易，选择也不如以往慎重"。

总之，经济发展，社会多元化，实实在在考验着人们素质的高低。在人们还没有建立起自律能力的时候，他律却松弛了，所以，难免发生出轨事件。许多人都希望丈夫或妻子发大财，可是在赶他"下海"前，您要好好掂量一下他的自律能力，看看他能不能慎独。

13. 国民心理观察：影视艺术作品中关于"中国式"离婚的分阶段式展示

"中国式"离婚一词源于中国著名作家、编剧王海鸰的同名小说，也有同名电视剧。至于什么是"中国式"离婚，其实众说纷纭，有一种分阶段式的解释比较形象：

第一阶段，一方因种种原因整天疑神疑鬼；第二阶段，追问盘查导致另一方压抑苦闷；第三阶段，双方对质、争吵，闹得不可开交；第四阶段，离婚。

这四个阶段，确实代表了中国式婚姻解体的四部曲。

对于"中国式"离婚，大部分学术研究只是停留在数据和微观分析上，没有深入解剖数据背后庞大的国民心理体系。今天，我们就从国民心理、沟通习惯、非此即彼的解决模式、口是心非的反向表达，四个方面来分析"中国式"离婚。

互相猜忌，无安全感的孱弱国民心理

几乎所有人都知道猜疑是婚姻关系的大忌，可是所有人，无论对方多么爱自己，都会猜疑。有人说这是爱情的本能，因为爱是自私与占有。可我认为这是狭隘与自大。

我和很多疑神疑鬼的离婚人士深入交谈过，我问了他们一个共同的特别简单的问题，是道选择题：

你总是怀疑他／她对你不忠诚，是因为你真的很爱他／她，还是你讨厌被戴"绿帽子"呢？

几乎所有人都选择了后者。

不是爱得不能自拔，实际上，每个人都是爱自己胜过爱别人；不是怕失去爱，而是憎恨被戴上"绿帽子"，那将是做人最大的耻辱。我们自古有"面子文化"，中国人面子大过天，被戴"绿帽子"就是窝囊废，就是没面儿。为了万无一失防患于未然，所有人都在这个问题上自设公堂，采取"有罪推定"。

青有个前男友，他们交往过一段时间，但青终于明白男友对她不是爱情，而是精神依赖，所以果断提出了分手。

在他们分开之后的很长时间，前男友对她恨之入骨，以至于青一度怀疑自己的判断，以为对方很爱自己，心存内疚。正在此时，前男友对她说了真心话："你让我面子上很过不去，连我的老师都知道我们的关系，老师都说我学历比你高，长得也很帅，你长得也不算漂亮，真要分，也得是我甩你，怎么能够是你甩我？"

看着他那张因不甘心而扭曲的脸，青顿时释然。

这个男人对她，不是爱，是因为自己失去面子而耿耿于怀。

那些在阴影中迟迟走不出来的被离婚的一方，是因为爱吗？未必，有一部分人也是因为面子上过不去，被离婚就等于被甩了。

这绝对击中了无数饮食男女阴暗的心理。

这一国民心理贯穿中国式离婚的第一、二阶段。

嘴上绝对不能输的沟通模式

我觉得，我们很多人张口闭口说"沟通"，太没有自知之明了，我们哪能配得上这个词？因为我们的"沟通"靠喊，志在征服，比如那些"杠精"。显然，我们是伪"沟通"。

当伴侣让我们感到不踏实、起疑心时，就进入到互相理论的阶段了，也就是俗话说的"说道说道，要个说法"。

疑心者既像泼妇一样发泄着被"戴绿帽"的屈辱，全然不顾是否先入为主；又像审判的法官，句式为：你是不是和他／她……，你怎么这么不检点……

被怀疑者的句式是：你竟然怀疑我，你自己做得就好了？

然后就杠上了，吵得不可开交。

我们张嘴说话不是为了发现问题、解决问题，而是要嘴上赢，气势上要绝对压倒对方。

即使是在日常的生活中，中国的家庭成员之间也是这种沟通模式，比如，媳妇对婆婆说："妈，您把垃圾桶放在这里不合适呀。"婆婆的第一反应不是询问："为什么呢"或者"放哪里比较好",而是开怼"上次你也放这里呀,你能放我就不能放了"或者"你把扫把还放错了呢",又或者"我就要这么放"。

这不是解决问题,而是抬杠,要赢在嘴上。

非此即彼特别偏激的问题解决方式

为什么我们l总能看到那些老实巴交的人铸成大错?为什么那些看起来和和美美的夫妻突然就离婚了?

这和我们中国人含蓄隐忍的性格有关,任何人相处都会有矛盾,我们的情绪每天都会感冒,可是我们总是无视它的存在,要么压抑,要么爆发。就好像我们发现房子漏雨,要么选择委屈自己挨淋受冻,直到把自己冻病;要么把房子拆掉,或者放把火烧了;而不是及时修补。其实,只需要花很少的钱和力修复一下就可以了。

在婚姻关系中,当一方发现对方确实有移情别恋的迹象时,不是反思和调整,提高自己的魅力和吸引力,而是委曲求全,或者简单粗暴的处理。

这不科学,很多婚姻关系都是可以修复的。

有多少亲密关系,死在口是心非上

中国人性格含蓄,在亲密关系上,总是不明确表达自己的需求和期待。而在得不到满足时,又容易说反话,口是心非。

下面这样的场景你们一定很熟悉:

一方说:"你这个人不可理喻,我不想看见你。"

(他开始拿包,或收拾行李。其实他不想走,只是做个样子。)

另一方说:"要走赶紧走,永远别回来。"

(其实她开始心慌,不想让对方走,但是说出去的话流着泪也得兑现。)

以上都是"反向形成",这在心理学上是一种人心防御形式,在这里我们用来指代"用一种相反的方式表达需求"。事实上,真正的需求是:

"不要离开我!"

"我希望你能抱抱我!"

但给对方的感觉却是你很厌恶他,你不需要他,你们不共戴天。于是他会真的离去。

作为电视剧生产大国,我们追剧的女同胞很多,家庭伦理剧永远受欢迎,在消费这些文化产品时,大家能不能别只看热闹,有空也多琢磨下门道?

14. 传播学观察:社交媒体用户真实吐露对婚姻价值的疑虑

传播是人的一种基本社会功能。随着互联网和新媒体的诞生,人人都像一个广播电台,再小的个体,都有自己的品牌,都可以发声,可以发挥自己的影响力,具备传播功能。

朋友离异多年,那天一起闲聊,聊到女人撒娇这个话题,因为她性格强势，大家都建议她学学怎么撒娇，谁知她特别不愿意，说："我还是研究一下我家猫咪如何在我要出门的时候不故意躲起来吧。"看得出，猫咪对她很依恋，她对猫咪很上心。她和我们说，和男人结婚还不如和狗狗相伴更温暖。那天晚上她把自己的见解发到微信上，竟然获赞无数。

近些年，关于婚姻的灰色观点以及与离婚率上涨相关的文章，风靡于各大公众号和自媒体，各类社交媒体上都有对婚姻价值的时代拷问：

"是手机不好玩还是电视不好看，你要谈恋爱要结婚？"这句吐槽的是谈恋爱不如游戏好玩、不如肥皂剧好看；

"如果不是一个特别喜欢的人，为什么要将就和他一起面对那么多负担和压力？"这句吐槽的是婚姻的压力与负担；

"余生不长，为什么要找一个人添堵？"这句吐槽的是婚姻的不开心；

"自己活着多好，不麻烦别人，也不被别人拖累。"这句吐槽的是婚姻的不自由；

"不靠谱的人多了，能自食其力挺好，谁也不依附。"这句吐槽的是对异性的失望。

这些貌似随意任性的吐槽，代表了年轻人真实的心声，如果婚姻并不能为我们的生活减负，不能令我们精神愉悦，而只会给我们添堵，加剧不安全感，造成对自由的束缚，那么索性不如一个人独自生活。用个最基本的数学公式表达：如果 $1+1 \leq 2$ 甚至

$1+1 \leq 1$，那我为什么要结婚呢？

"知乎"上有一段话，可能代表了很多"不婚族"的心声："我们都知道经营一段感情很艰难，经营一辈子感情更难，妥协和包容是必需的黏合剂，而对于个性越来越强、越来越自我的'新青年'来说，妥协和包容显得不太容易，于是婚姻变得'很麻烦'。"是的，婚姻的经营需要耐心，可是年轻人不舍得付出耐心，或者说他们根本就没有耐心。

婚恋价值观混乱是社会转型期的副产品，现在的媒体环境又为这种混乱推波助澜，一方面是对婚恋价值各种不值得的渲染，另一方面是对个性自我的大肆吹捧，我们生活在由这种基调信息组成的环境中，耳濡目染。你要说婚姻令人幸福，可现实是婚姻不如单身幸福。所以，在现实面前，在媒体环境的裹挟下，婚姻的价值变得面目模糊起来，让人无所适从。

有人站出来谴责现在的年轻人太自我，眼里只有诗和远方，对自己和社会都不负责。

这种问责毫无意义，找到问题的根源并加以解决才是正途。

不是年轻人不好，不是婚姻不好，而是我们的婚姻价值观一直没有树立好。

如果说，传统婚姻文化的内核是物质满足，是吃饭生存，那么现代婚姻文化的内核是精神索取，是愉悦和安全感。我们总是在向婚姻索取，按照自设的理想要要要。

我们把婚姻当作是一种拯救、福利，其实，它只是一种体验和成长，痛并快乐着的成长。没有正确的婚姻观，婚姻根本不可能是一件顺畅之事，它一定是痛的，一定是苦大仇深的。而当我们树立了正确的婚姻观后，和谁结婚，无论什么样的婚姻，什么样的活法，都是甜味的。

那么，正确的婚姻价值观是什么样子的呢？

婚姻是一种人生体验

还记得你第一份工作时的面试吗？在有无工作经验那一栏，你挖空心思地填了好几个牛气的大单位，说你真的实习过、工作过。可是，面试官只需一个问题，就能让你现原形。从那时起，你就知道了假的真不了，没经历过就是没经历过。

婚姻也是如此，你永远也别找一个没有婚姻经验的人咨询经营婚姻的智慧，因为他根本不懂婚姻里的那些琐碎。一个没有结过婚的女人能写出爱情诗歌，但永远写不出真切的令人感同身受的家庭伦理剧。

真的，婚姻就是那么一场体验，它让你泪流满面，让你歇斯底里，让你遍体鳞伤，也让你现世安稳。

我有个女性朋友，她的丈夫背叛了她，她竟然也不离婚。我问她为何，她说我喜欢看他晚上睡在身边的样子。从那时候我就懂了，一个男人和一个女人之间的事，只有这个男人和这个女人自己知道。

而现在，好几年过去了，她说，他们现在已经是"过命的兄弟"。

你看,这是多么神奇的体验,昔日的生死冤家成了过命的兄弟。

若你不体验婚姻的试炼,就无法收获瑰丽浓郁的两性情感。

婚姻是一种成长

婚姻里的争吵和磨合,是你成长的加速器。你在山洞里参禅悟道十年,所得到的心灵成长,都不及你和伴侣相处的一个月。所以,婚姻真的是人世间最伟大的一场心灵成长之旅,你可以不体验,但你也失去了最快速、最深刻成长的机会。

你期待婚姻的好,也要接受成长的痛苦!最深刻的成长,定是要有最刻骨的痛作为代价。你的伴侣,是给你最多苦痛的人,但也是让你成长最多的那个人。要不然怎么说"你的伴侣是上帝假扮的"呢?

我的婚姻里也有苦痛,长达十年的苦痛,而现在,我变得智慧从容,昔日的恋人开玩笑说:"喜欢现在的你。"我也开玩笑说:"若没有被你们特别不看好的婚姻,修炼不出现在崭新的我。"

婚姻自有其规则,争吵是婚姻的常态,它就是游戏中的关卡,这个游戏就是这样设计的,你不接受这个规则,你就无法升级向前。

每一对夫妻,都应该感恩彼此,感恩在对的时间相遇,并互相赋予勇气结伴而行。也许走着走着就淡了、散了,但终归是心无旁骛地十指相扣过。

别再懊悔这场婚姻不值得,和张三不值得,和李四就值得?你没有资格搞历史假设,也没有机会重新来过。路只有一条,那就是:接下来,好好活。

15. 心理学观察:很多佳偶在亲密关系的幻灭期阵亡

为什么婚礼上的新娘都那么漂亮?因为她正处于亲密关系的蜜月期,即绚丽期。

为什么离婚大厅的男女都一脸"丧"?因为他们的亲密关系已经在幻灭期阵亡了。

人心浮躁的年代,大家都饱受着亲密关系带来的疼痛。亲密关系是一个心理学概念,甚至成为心理学的一支,叫亲密关系心理学。亲密关系并不仅限于男女的爱情关系,只要两个人亲密到一定程度,向对方敞开心扉到一定程度,都算是亲密关系的一种。当然男女之间的关系是能量最大、张力最强的,因此冲突也最大,也最容易让人心碎。

每段亲密关系都会经历以下几个阶段:绚丽、幻灭、内省和启示。在婚姻这段亲密关系上,大家的起点是相同的,都是起步于绚丽期,若是不足够相爱,很少有人会谈婚论嫁。但差别在于其后的三个时期,"中国式"离婚,其亲密关系多在幻灭期阵亡了,他们未能进入内省阶段,看不到自己在亲密关系里扮演何种角色。他们未能把亲密关系看成是修行的道场,而在其中成长学习。

为什么会幻灭,因为我们在恋爱时会装,这是由人的虚荣心和力比多促成的，我们不由自主地想要表现得好一点，爱得多的，爱得少的都如此。爱得多的那一方自然要通过百般殷勤投其所好来吸引对方，而爱得少的那一方很明白自己的优势，没有人会拒绝一个爱自己的人，都有"孔雀心理"，你越鼓掌，我越要开屏怒放。

可一旦步入婚姻，朝夕相处实打实地过日子，幻象就开始消失了。这是注定的。

都说距离产生美，是的，摩擦点多了，起火的概率大增。勺子碰锅沿儿，自然难免，中国人都对外人好，因为有距离，没有零距离接触。

离得近了，看清了真实的他/她，恋爱时隐藏得好，现在没法遮掩了，哪怕是屁股上一块胎记，肚皮上一块疤痕，都能看得清楚真切，原来那个绅士的男人竟然会在吃饭时放屁，原来那个干净的男子也会用手剔牙，原来婚姻的真相就是洗不完的内裤、晒不完的袜子。迷恋没有了，只有受不了。

现在的"90后"，从小就是家里的"小太阳"，大家庭都围着自己转，俨然是宇宙中心，哪有耐心经营婚姻？几乎每个人都这样吐槽："切，让我理解你？我还不知道谁来理解我呢，没门儿！"

没耐心，懒得管，于是听之任之，自然就是散伙。

因此，很多"80后""90后"的婚姻，根本来不及进入到反省、启示阶段，就自己放弃了。

反省与启示，这也是成人人格的自我完善阶段。即便不为他人，不为婚姻，只为自己，也不能遇到障碍就散伙，总要试着解决一次。

当你这样努力解决过一次后，说不定，所有的人际关系都跟着理顺了。

糖糖和丈夫恋爱时，丈夫会给她买水煎包，会为她下厨；看她工作压力大，就承担了大多数家务；还很听话，总对她说甜言蜜语。

那是他们的绚丽期，糖糖觉得自己是天下最幸福的女孩。

可是，结婚后糖糖才发现，丈夫的卫生习惯很不好，脏袜子、脏内裤一放好几天不洗。糖糖爱干净，总是帮他及时清洗，洗烦了就有些怨言，丈夫不知收敛反而回怼："我没让你做呀。"

先前总是甜言蜜语的绅士，此时成了油嘴滑舌的骗子。

糖糖觉得丈夫是个特别可恨的男人，有时候气急了连"灭"了他的心都有。

这是他们的幻灭期。

怎么办呢？

糖糖开始自省，她经常在独处的时候扪心自问：

"我有什么理由要求他变得完全适合我呢？仅仅因为爱吗？那这样的话，他同样有资格要求我呀。"

"我说话的方式他喜欢吗？"

"他是当真无可救药，还是我的说话方式出了问题？"

……

这是反省期,虽然不好过,但糖糖已经说服了自己,已看到了曙光。

后来糖糖放弃了对丈夫的期待和要求,自己能做多少做多少,力所能及地给丈夫安静的爱,用商量和鼓励的语气与丈夫说话,表达心愿。

当用这种方式相处时,糖糖感受到丈夫的愉悦,相互间的对话越来越温柔和气。他们不再因为生活中一些小细节上的习惯不同,而吵架、冷战。更让糖糖惊喜的是,丈夫会在特别的日子送她礼物。他们有越来越多的日子一起陪伴孩子,还会时不时交流工作、生活的难题或感悟,就像挚友一样。

现在,爱在他们之间自然的流淌,不再是刻意的,他们又重新找回了幸福和甜蜜。

经过这样的锻炼,糖糖得到越来越多的启示,最核心的就是:我是因为爱你、爱生活才付出,而不是为了感恩和回馈,做那些事时,我的状态已经是幸福的。

以上是糖糖家亲密关系四个阶段的历程,你家的关系处于哪个阶段呢?如果正处于幻灭期,那我希望你不要轻易下决定结束关系,想想后面的反省期和启示期,扛过去,你会和糖糖一样最终感受到幸福的亲密关系。

16. 性别学观察:离婚案件多由女性提出

据最高人民法院发布的一份关于离婚纠纷的司法大数据专题

报告显示：在所有离婚的案件与诉讼中，女性提出离婚的比率高达 70% 至 80%，即每十对夫妻离婚，有七至八对的离婚是由女方提出的。

对于这样一种绝对倾向性的结果，很多人都表示不理解。网络上各种帖子，有的说是因为现在的女性太强势了，有的说是因为女人是家暴的受害方，有人说是因为女人太物质了……这都是片面之词。以本人的职业敏感和从业经历，我深切地感受到：如果非要用一句话来概括，那就是我们的可爱女人越来越不委屈自己了。

忍不了无爱的形式婚姻；

忍不了家暴的摧残；

忍不了自我价值的牺牲；

忍不了男人心理出轨和生理出轨的委屈；

忍不了强势婆婆的欺凌；

忍不了和男人一样工作竞争，还要承担全部家务和诸多家事；

忍不了世俗婚姻里自己无法消受的点点滴滴。

向觉醒的女性致敬

既然提出离婚，那么这段婚姻一定是有问题的，要么女方出了问题，要么男方出了问题。

假如女方有问题，移情别恋了，那她们一定是铁定了心推倒重来，提出离婚。因为女人比男人爱得决绝纯粹。

假如是男方的问题，中国男人历来喜欢"家里红旗不倒，外面彩旗飘飘",他们出轨但不愿意离婚,这时候若是女人发现了,也会提出离婚。

毫无疑问,这是时代的进步,是权利意识与封建道德抗争的一次胜利。我相信,任何人看到这样一份"勇气十足"的大数据时,内心都充满了欣慰与欢喜。

面对道德绑架,面对大男子主义,面对家暴,面对生育歧视,面对机会不平等,她们一定经历了无数个日夜的煎熬与纠结,经历了无数次勇敢与懦弱的交锋,经受了无数次犹豫与决绝的激烈碰撞。最终,她们不再做沉默的羔羊,在醒悟中坚定从容,决计为自己重生。

成长总是伴随着阵痛,但,若能成长,一切都是值得的。

阿朱的故事——和股市挂钩的婚姻

阿朱是我第一任老板的妻子。

那时候,我是文化公司的小编,我的老板是位个头不高的山东男人。

老板的主业是炒股,副业是小文化公司的老板,他的妻子阿朱负责给我们几个员工做饭。

那时候我就和阿朱有眼缘,我很同情她,阿朱是师范学校中文系毕业的,本有份体面的工作,为了爱情,跟着丈夫来了北京。

一晃十几年过去了,阿朱联系到我,说她已经离婚了,她终于长大了,但是是被(婚姻)吓大的。

说这话时，阿朱四十五岁了，她和前夫的婚姻维系了二十年，婚姻存续的前几年，前夫还有个文化公司，后来干脆把文化公司关掉，专门炒股。

离婚之前，阿朱的心情好坏是直接与股票挂钩的。每次下班回家前，她都会先用手机搜搜股票行情。如果全线飘红，她的心情就舒适一些；如果是满屏绿，她的心情就十分沉重，怕到家挨骂。

可是，无论股市好坏，阿朱都会遭殃。

股市行情好的时候，前夫开心，她也没好日子过，前夫会说："本来我打算多买点那只股票的，都怪你平时总提醒我要谨慎，害得我错失良机，挡我的财路！"

股市行情不好的时候，前夫心情不好，她更没好日子过，前夫会拿她当出气筒，责骂她："别人娶的媳妇都旺夫，你却从来不旺我，我要你干什么！"如果反驳一句，前夫就骂她。阿朱很难过，但她总是自我安慰："谁的生活不是千疮百孔？为了孩子，凑合着过吧。"

去年夏天，因为股票大跌，前夫赔了个精光。他几近癫狂，又开始骂人，把错全都推到阿朱头上。而刚好在那段时间，阿朱被妇科疾病缠身已久，她怀疑自己得了不好的病，对死亡的恐慌加上前夫的欺凌，在那一刻，阿朱忍无可忍了，她突然看不起自己，觉得自己像个可怜虫一样。她想丢掉这样的婚姻，像丢掉一筐早就烂透了的臭抹布。

阿朱决定离婚，但她是个特别善良的人，前夫一穷二白又没有稳定工作，念及旧情，她把所有家产都留给前夫，自己净身出户。阿朱重新找了工作，独自承担了儿子的生活费。

儿子对父母离婚没有太大反应，他早已厌烦了家里三天两头的争吵。他对阿朱说："妈妈，你完全没有必要为了我而隐忍，早知如此，我应该劝你早点儿离婚。"儿子的理解让阿朱内心备感温暖。

离婚后，阿朱在市中心租了一套房子住。日子过得辛苦，但是心里很踏实。高兴时，她会在路边买一杯奶茶犒赏自己；郁闷时，到楼下小花园里发发呆或者跑两圈，第二天，信心百倍地面对全新的生活！

现在，阿朱又有了新的丈夫，脾气温和，特别尊重她。他们过着平淡幸福的生活。

一天，阿朱和丈夫散步，经过前夫家门前的那条街，抬头看到熟悉的窗口的灯光。站在那儿，阿朱不觉泪流满面。丈夫体贴地说："你要不要打个电话给他？"阿朱摇摇头。她不是念旧，只是可怜那个过去的自己，那么多年，那么多天，那么多被无端责骂和怪罪的日子，自己怎就忍了那么久？直到身心俱疲，一身病痛。而离婚这一年来，所有的病痛都自愈了！

那个家，阿朱万分庆幸自己走了出来！

觉醒的女人最美丽

很多人都问阿朱，你们两个人青梅竹马，你那么爱他，跟着他闯荡，怎么就过不下去了？阿朱幽幽地说："假如你经历过在责怪与打压下自信心和价值感全无的卑微，你就能理解我所做出的抉择。"

我为阿朱感到庆幸，她总算不再做沉默的羔羊，不再忍辱。我又为她惋惜，因为在这之前，她已经忍了那么久，把最美好的年华都耗在一个被股市奴役的"渣男"身上。

如今社会已经发生了巨大的变化，我们的时代已经给予了女性越来越多的自由选择和心灵成长的空间。每个人都有选择自己理想生活方式的权利。作为女人，应当珍惜这个时代，这个历史上最好的时代。

女性提出离婚的案例占比大，还和时代赋予女性更多的责任有关。一方面，这个时代赋予女性充分的发展权，与此同时，女性肩上的担子更重了，受"男主外女主内"的传统经济关系影响，男性认为家务事就应该是妻子来做；另一方面，丈夫在客观上却不是家里的"顶梁柱"，女性很自然会产生"凭什么我养家还要做家务"的埋怨。所以，中国女性的幸福指数低，几乎是注定的。

再加上婚姻的不稳定性增加，女人们开始觉得与其把大把的精力和大好时光浪费在一份没有保障、前途未卜的男女关系上，不如自己辛苦点，毕竟，命运掌握在自己手里更踏实。

17. 性爱主权新观察，是谁赋予"睡了"这么大权利

朋友圈里有一对并不登对的夫妻，二线城市市长家的千金下嫁理发店小哥。

这倒不是我没有平等心，平等是社会在形式上所要追求的价值和道德理想的概念。事实上，在社会生活中，婚姻还是受门第观念的影响，所以我一直对他们的婚姻心存疑惑，但毕竟不是多事之人，一直未探究过。因为这本书，我不惜放弃人品嚼了一下舌根子，私底下询问知情人士："他们是怎么在一起的？"

哥们儿一脸坏笑地说："敢下手呗。"

他说："那女孩我们都认识，也都喜欢。当我们这些家伙在各种自惭形秽觉得配不上人家时，常给她做头发的发型师却果断出手，在一次啤酒节约女孩泡吧后睡在了一起，然后就在一起了。"

"啊？仅仅是睡了一次，就以身相许？"

"是的！"知情人特别笃定地告诉我。

我用手狠狠地掐了一把自己，告诉自己不是在做梦。

"你睡了我，我这辈子就是你的人了。"这话听起来并不陌生。

通常在乡村爱情片中，二狗子追翠花总追不上，二狗子他娘或奶奶恨铁不成钢，亲授绝招："看你那熊样，真丢人。找个月黑风高之夜，生米煮成熟饭，不就成了？"

可是我没想到，在海滨大城市，市长家的千金，那可是留过好几年洋的人，竟然也因此而私订终身。

我的脑海里突然蹦出四个字："性爱主权！"

所谓性爱主权，就是因性爱行为而假想出来的主权，是一种个人行为。简单来说，就是女方认为"你睡了我，我就是你的人了"，男人认为"我睡了你，你就得跟我"，即使不成，对方也是自己的"性爱后殖民地",无论时隔多少年,他也依然可以对外荣耀地宣布"那女人我曾经拥有过"。

这样的观念无知又无理,可是,在我们身边,有这种观念的人并不少。假如你敢配合我做一个大胆的试验,就会发现,我们的爷爷奶奶、姥姥姥爷,甚至是爸爸妈妈辈的人中,有不少人是因为性爱主权而结合在一起的,其比率绝对比婚外情的比率还高。

而这也是组成有中国特色的婚姻的因素之一,也是婚姻不稳定的种子。

为什么呢?我们分别站在男女两性的立场分析。

相信性爱主权的女人,很容易将爱情异化成达成其他目的的手段

"我就是你的人了",这只是历朝历代广大含蓄的中国女性羞答答的托词而已,其实她们真正想强调的是:你要对我负责。而且最好要加上一个期限:一辈子。而且负责的面非常之广,广到男人们根本想不到:

你要娶我;

你不能抛弃我;

你一定要照顾我一生一世。

这样的话虽未从女人嘴里直说出来,但在她们心里却是生了根。

不仅要对她负责,还要对她娘家人甚至七大姑、八大姨负责,你要成为她娘家人的集体荣耀!

你认定了还好,你有能力还好,一旦你感觉到委屈或无能为力,婚姻矛盾就会大爆发。

除了上述和生存权有关的权利,"我就是你的人了"还有其他情感待遇上的特权,比如:

发生矛盾时丈夫要无条件让步;

无理取闹时丈夫要低三下四地哄自己;

丈夫出轨自己要占尽道德制高点;

……

在喜欢宣示性爱主权的女人那里,性爱不再是情到深处自然而然的互愉,而是沦落为一种追求其他目的的手段,傍上对方,讹上对方,甚至威胁对方。与此同时,自己不再努力,开始依赖对方。从此以后,她只需要安心做一个索取者就够了。

相信性爱主权的男人,容易忽视对家庭的经营和对女性的尊重

如果男人相信性爱主权,那结果是什么样的呢?

还是回到乡村爱情故事的剧情中:二狗子娶了翠花后,洞房花烛夜的第二天,就闯天下去了,只留下翠花夜夜守空房,垂泪涟涟。

二狗子走得很是放心,因为他认为只要和女人上了床,对方就是自己的人了,结婚后便妥妥地"马放南山",根本用不着担心后院起火,更不用去想什么劳什子经营婚恋关系。

同时,迷恋宣示性爱主权的男人,还很容易对自己的性能力过于自信,从而忽略探索妻子的性心理和对性爱的真正需求。

可见,与异性交往,无论你是睡了还是被睡了,往高了说是情到深处无怨尤,往低了说是荷尔蒙上涌时的男欢女爱。别再动不动就宣示性爱主权,你越要主权,你越不值钱。

第三章
离婚案例警示，对婚姻态势要有知觉能力

导读

人生百年，太多意外与变故了，你期待的不一定实现，
但根据墨菲定律，你担心和恐惧的，
往往会率先到来，比如出轨。

你的伴侣是可能出轨的，或肉体，或精神。
你要做好思想准备，并且，
对于婚姻发展态势要有一定的知觉能力。

婚姻领域，成熟的女人一定是防患于未然的，
在"坏事"应验之前做好预案，或挽救，或离婚。

所以，本章我来负责任地告诉你，
男人那些七七八八的神秘言行背后的秘密是什么。

不是教你诈，而是对于自家的另一半要懂，
及时知晓，才能妥善地自保。

18. 伴侣总对你说"性格不合",他心里一定另有动作

假如有一天你交往许久的爱人对你说:我们分手吧,我们性格不合。

别信。因为他说的是假话、是托词,天底下没有完全相同的两片树叶,谁和谁的性格能完全吻合?

为什么性格不合不能成为感情破裂的理由

先回答我:什么是性格不合?

有人认为:"我喜欢看书,他说看书有什么用,不就是装文艺吗,这是性格不合;我喜欢去西餐厅吃牛排,他喜欢在大排档撸串,说牛排死贵,还不好吃,真是做作,这是性格不合;我喜欢假期去各地旅游,他就喜欢宅在家里,说旅游有什么好玩的,不就是花钱买罪受,这是性格不合。"

关于性格不合有很多定义,我做了通俗地总结,就是:他是那样的,我是这样的;他喜欢这样,我喜欢那样。

但性格不合并不是没法过日子的理由,喜好相同也未必能过好。我的当事人中有一对文化人,两人志趣相同,都爱古玩字画,都爱喝茶,他们有共同浪漫的爱好——买紫砂壶。有一次,因为买哪种壶形产生了分歧,闹离婚。

我的朋友中有一对夫妻,性格和喜好十分不同。妻子开朗时尚,爱看电影、爱吃西餐;丈夫木讷老派,最吃不惯就是西餐。可是,每次妻子带孩子去吃西餐,丈夫都开车送他们去,他自己不吃,就在门外等着。看电影也是,丈夫不爱看,他就在影院门

口等妻子与孩子。丈夫愿意提供服务，而且每次看到妻子和孩子看完电影、吃完西餐兴高采烈的样子，他也跟着欢喜。

所以，男女之间最大的问题不是性格不合，而是不真诚，不宽容，不想好好过。

多少年来，饮食男女总是固执地认为，性格相合的两个人才可以幸福地过活，因为性格相合等同于没有摩擦力，物体可以顺滑地运转，这才是婚姻理想的匹配状态。而现实是，只要是两个物体相撞，只要是牵涉生活，就不可能零摩擦。

为什么人们如此喜欢用性格不合来描述问题婚姻呢？这是因为爱情太复杂、太不确定、太让人纠结焦虑，所以我们需要一个答案，把它简单化、标签化，好给我们一个理由，去为逝去的爱情画上句号。

既然性格不合不成立，那三观不合呢？

三观是块砖，哪里需要哪里搬

最近，艾瑞咨询给出的一份《中国"95后"数据报告》显示，在一项年轻人"最看重伴侣什么条件"的调查里，三观一致战胜了经济条件、外表、家庭等因素，跃居榜首。而在相处的过程中，他们一言不合就说"三观不一致，分手吧"。于是，继"性格不合"后，"三观不一致"又成了借口。无论是性格不合，与对方父母不合，挣钱能力和花钱能力不合，还是眼界不合，行为准则不合，人生态度不合，等等，只要互相看不顺眼的，都能总结成三观不同。

三观不同比性格不合更站不住脚，因为它在你自己身上都不存在，你自己和自己都总是三观不一致。

去年国庆，你说什么也不愿待在家里，兴冲冲地跑去旅游，结果高速公路堵车，景点人山人海，生病了还得赶行程，真辛苦。

今年国庆，你吸取教训，不再凑热闹去旅游了，宁愿待在家里，吃薯片看电视剧，不用排队，不用劳累，真舒服，还暗暗觉得去年的自己太愚蠢。

同一个人，今年和去年的观念未必一致。

前两天你看到又贵又好看的大衣，想着自己月底拮据，不能再"吃土"，咬咬牙，坚决不买！心里还觉得自己追求性价比，懂得勤俭节约。

过几天发工资了，又看到那件很贵的大衣。心里一想，买便宜的质量不好，不如咬咬牙买件贵的，可以多穿几年，这才是真的追求性价比，还觉得之前真是太亏待自己了。

同一个人，今天和昨天的观念也未必一致。

所以，三观一致在自己身上尚且无法成立，更没法谈两个人三观一致了。

那为什么我们总是能和自己和谐相处呢？因为我们总是试图安慰自己，内心想很多理由去解释和合理化自己的行为。但当对象换成了伴侣，遇到观念冲突时，我们就不会有足够的耐心去为对方找理由。

而最方便的借口，就是大家三观不合，你好讨厌，你总是惹我生气,我不要你了。

性格不合照样能过好日子

说到性格不合,我想到了林语堂与廖翠凤。他们两人的性格可以说是处于矛盾的两端,用现在的话说,仿佛不是一个星球上的:林语堂好静,而廖翠凤好动;林语堂比较邋遢,而廖翠凤喜欢整洁;林语堂是个浪漫主义者,而廖翠凤则是现实主义者。

廖翠凤并不理解林语堂口中的"孔子、柏拉图、亚里士多德",也不感兴趣。有时还劝林语堂:"你把文章写得简短些,不然读者们看了会打瞌睡的。"

有一次,夫妇俩去游览雅典的卫城。当林语堂看见古希腊美轮美奂的建筑和湛蓝的爱琴海时,思绪万千,灵感迸发,感动得泪流满面。而廖翠凤对此情此景无动于衷,还抱怨说:"我才不要住在这种地方,连买块肥皂都要下山,多不方便。"

不仅性格不合,最初林语堂甚至有些看不上廖翠凤。林语堂的梦中情人是陈锦端,当时厦门首富的女儿,还是圣玛丽女校的校花。他们有过轰轰烈烈的恋爱,但碍于门第,林语堂入不了女方父母的法眼,这才和廖翠凤结为连理。

对于廖翠凤的普通和不解风情,林语堂不反感、不抵触,而是欣赏,欣赏妻子的真实、自然、不做作。

而廖翠凤对林语堂,是爱的。在金婚纪念日那天,林语堂送给妻子一个刻着"金玉缘"的金手镯,还有一首诗:同心相牵挂,一缕情依依。岁月如梭逝，银丝鬓已稀。幽冥倘异路，仙府应凄凄。若欲开口笑，除非相见时。

这首诗是若艾利的经典名诗《老情人》，林语堂将其翻译成了中文。

一辈子对文学毫无感觉的廖翠凤，并不懂得这些文绉绉的话有什么好，但她知道那是丈夫所爱，所以还是对上面的诗歌欣赏了许久，激动不已。

像所有普通夫妻一样，他们之间免不了因为一些鸡毛蒜皮的小事而争吵。每当廖翠凤埋怨林语堂时，他就缄默不言，任凭她吵累了自己停罢。他感慨道："怎样做一个好丈夫？就是在太太喜欢的时候，你跟着她喜欢，可是太太生气的时候，你不要跟着她生气。"

因为有爱、宽容、欣赏，所以性格不合、三观不同并没有给他们带来任何不和谐不融洽，他们反倒像磁铁的两极，互相吸引。

你说你有才、有个性、人比较矫情，那闻一多、林语堂们，不比你有个性、有才情吗？

你看，即使两人性格不一致，不能做到琴瑟合鸣、意趣相投，也能在宁静的岁月中凝视彼此，包容对方，欣赏对方，将这种互补演绎到完美。

所以，性格不是问题，问题是想不想一起生活。

记住我的话，谁再和你提"性格不合"，直接"抽"他。当然这是玩笑话，你要警觉，他是有想法了，你要做好思想及其他方面的准备啦。

19. 既无"啪啪啪",又无"哈哈哈",这样的婚姻前景好可怕

前几天,妻子的几个中年闺蜜聚在我家一起话家常。

"人到中年,才发现单身其实挺好。"

"现在我们都懒得碰对方一下。"

"我们仨月都不办一回事儿。"

"我该不是要离婚了吧,咋没感觉了呢……"

然后大家都沉默了。初夏的午后并没有很美丽,宛如在座每位的心事:中年人的婚姻并不快乐。

"还是男人了解男人,何况你家那位是律师,咱们问问他吧。"李姐提议。

我心里明镜儿似的,可是该说真话呢,还是假话呢?假话骗人,真话伤人。

于是我半真半假地打马虎眼:"既无'啪啪啪',又无'哈哈哈',你家的婚姻好可怕。"

无性并非婚姻之癌

一直以来,在婚姻中,性占了太多的笔墨。它是男人和女人之间情感自然流动的必然结果。

"我爱你,但我不想要你。"这是假话。

"要"一个人不一定爱他,但爱一个人一定想"要"他。

中年人的性事会因为年龄增长、孩子介入、工作压力等因素而有起伏,或者减少,但长期无性的婚姻一定是不健康的。对婚姻生活和生理健康都无益。

当然,也并不是说离开性婚姻必死,比如一方有生理疾病,另一方因为爱情或夫妻恩情而接受。这种情况下,虽然没有性,也可以有其他情感,就像爱情不是生命的全部,婚姻不是生活的全部,性也不是夫妻的全部一样。少了性,日子也可以过得和美,但得有其他依附,比如欢乐。

无性加无乐等于婚姻死亡

有人说:"在婚姻里找欢乐像缘木求鱼。"我不予认可。婚姻里有很多快乐:一起陪伴孩子的快乐,一起面对老人的快乐,一起看电视、看小视频的快乐,周末一起逛花市的快乐,一起逛古董市场的快乐,参加晚宴前互为"镜子"的快乐,一起盘算银行账户上存款增长的快乐,等等。

有人问:"这样的快乐不是超级简单吗?"错了,快乐不是问题,问题是懒得和一个人共同分享。你烦他,你在心里筑了一道高墙,把自己和他隔离,那堵墙是什么时候筑起来的呢?

也许是每一个你独自带娃的星期天,孩子哭了丈夫怕吵跑到小卧室睡觉;也许是婆婆不讲理,丈夫故意偏袒老妈,没有顾忌你的感受的一个语气词;也许是你工作应酬喝酒后,丈夫却嫌你晚归，拒绝给你一杯热水。隔阂，就是这样在无形中树立。你不懂我，我何必期待？慢慢地，心凉了，情淡了；肉体不想靠近，心灵不想碰撞，生活不想分享。

中年人的婚姻，仿佛是被上帝漏掉的一笔

可是，中年人的婚姻，又是那么容易多烦、少性、缺乐。

人们常说："少年夫妻老来伴。"中年人的婚姻呢？仿佛是被漏掉的一笔。听一听，每个家庭争吵的原因大都缺少创意且并不高级：

"你每次进家门能不能把鞋摆好，每次都是我帮你收拾！"

"你该洗的衣服能不能放进待洗区？到处乱放真烦人！"

"这么多年我为这个家牺牲这么多，你妈为何还总挑我毛病？"

"我都累死了，腰疼，这么晚了你还'要'？"

每一件鸡零狗碎的小事，都可以成为压垮中年人婚姻幸福的最后一根稻草。

假如你和他的生活长期少性寡乐，那你的婚姻"含金量"就少得可怜了，就别互坑了，要么好好离婚，要么立即采取措施，激活、挽救。

如何挽救无感的婚姻？多想想婚姻的好

说了这么多无奈，婚姻还有好吗？有。

和我妻子聊天的闺蜜，当初和丈夫租房结婚，两人的经济基础不好。结婚十年间，两人的收入翻了好几倍，现在不仅在北京买了两套房，还为两边的老人在老家各买了一套房。

凭他俩任何一个人的力量，都无法积累现在所拥有财富的一半，可是夫妻同心黄土成金，两个人像个小团队一样共同筹谋努力。农村的孩子步入一线城市的中产阶层，这不是婚姻的好吗？

现在的年轻人缺房的少了，那就不谈钱，谈命。

另一个闺蜜，她的女儿才三岁就被检查出患有非常严重的肺病，当地的医院几乎给这个小生命判了死刑，去北京协和医院救治也无望。

闺蜜和她的丈夫并不甘心，几经了解，终于打听到天津有位业界翘楚有望救孩子，夫妻俩兜兜转转终于见到了这位老医生。老医生年事已高，本来拒绝了他们，可夫妻俩并没有放弃，他们轮流在老医生家门口守了四天四夜，终于打动老医生，挽救了孩子的性命。

如果不是他俩当时相互扶持与担当，这样的灾难恐怕会击垮任何一个独自战斗的父亲或母亲。

婚姻无用吗？积累财富、抵御风险，这不正是婚姻能带给我们的利好吗？谁能说自己的人生道路上一帆风顺呢？

恋爱中的人，有梦想、有甜蜜；婚姻中的人，是搭档、是战友。

关于如何激活婚姻，情感达人们有层出不穷的妙招让夫妻间保持新鲜感和激情。但你得知道，如果两人之间的关系出现了问题，这些妙招是很难被提上日程的，即便真的去做了，心里也无法获得和谐的亲密感，只会弄巧成拙。性是一个男人和一个女人之间的对话，它不但是身体的，也是情感的。外在的形式，治标不治本，不如一起坐下来，来一些慢爱，想想这些年，一起走过的路、经历的风雨，想想彼此的好。在安静的回忆中，情感可以流动，不再是死水无波。

20. "丧偶式"婚姻和"丧偶式"育儿，这样的婚姻你图啥

"丧偶式"婚姻

下面这三种现象，是否在你家里存在（按危险排序）：

第一，他对家事不管不顾。

觉得家务活全都是女人的事，自己只负责上班，除此之外家里什么事都不操心。但凡妻子唠叨一句，他立马一副霸道总裁的姿态理论个没完，历数自己的种种不容易：工作压力大、老板难搞、同事难缠、在家妻子也不给好脸色。好像这些压力妻子不曾承受过似的。

第二，他拒绝交流沟通。

一项名为"反对针对妇女的家庭暴力对策研究与干预"的研究结果显示，65.3%到65.9%的家庭会出现丈夫不理睬妻子的现象，22.3%到29.6%的家庭会出现丈夫使劲关门或摔东西的

行为。交流和沟通是家庭生活的一个重要环节，也是维持家庭幸福的重要步骤。可是，很多家庭的男主人都拒绝交流和沟通，无视妻子的情感需求，妻子一抱怨，他就说"忙"，还把工作拿出来说事。可是他抱着手机的样子真的好投入，你会怀疑他不是不需要交流，只是不喜欢和你交流。

第三，他回家很晚或夜不归宿。

不论他是和兄弟喝酒唱歌，还是临时加班，只要有总是晚归或者夜不归宿的现象，就该考虑这段婚姻是否有继续的必要了！特别是如果有了孩子，他依然如故，就可以考虑离开了。但凡一个男人心里有一点你的位置，绝对不会让你深更半夜独守空房，搂着孩子还为他担惊受怕。

有时男人在创业初期难免有商业应酬，但即便如此，也应该跟你打声招呼，征求你的意见，并汇报行踪。

以上三条，假如存在其中任何一条，你就应该警惕了；如果同时具备，你就可以为分手做准备工作了。因为你的家庭已经陷入了"丧偶式"婚姻。

毫无疑问，"丧偶式"婚姻就是伴侣形同虚设，相当于没有伴侣的婚姻。你和这种人过日子，除了会承担更多的家庭负重，忍受更多的怨气和惊吓之外，没有任何意义。

"丧偶式"育儿

"丧偶式"婚姻衍生出"丧偶式"育儿。"丧偶式"育儿多指在家庭抚养和教育中一方（多指父亲）缺失。"丧偶式"育儿看起来不像"丧偶式"婚姻那么可怕，但也是引爆夫妻矛盾的原因。我的表姐就是因为"丧偶式"育儿离婚的。表姐夫平时对外甥的成长和教育一概不管，可不知哪天想起来了，就让外甥拿出来考卷看看，一看分数不满意，立马教训老婆孩子。他教训我表姐的话总是这一句："你在家啥都不干，就看个孩子还教育不好！"他教训外甥的话总是："你这个不争气的孩子，都被你妈惯坏了！"

抛却亲戚的身份，单就这两句话来评价，我感觉说这话的男人是最"渣"的懒汉，他是个在大树下等果子的二赖，一瓢水一把土不知道奉献，就巴巴儿等着在树下摘果子，摘不到满意的果子就骂人。还有比这样更可恨的吗？

"丧偶式"婚姻和"丧偶式"育儿的追根溯源

网上总结出中国女人的四大不幸：当妈式择偶、保姆式妻子、"丧偶式"婚姻、"丧偶式"育儿。这些问题的背后，暴露出部分男性在婚姻与家庭道路上拒绝成长的心理弊病。

这一男性心理，还要从古代的婚姻制度说起。

在古代，结了婚意味着女性的长期饭票有了着落，也就是说，我嫁给你，你就要管我的生老病死。所以，在古代，婚姻制度的最主要功能就是，男性确定了女性的唯一交配权，女性确定了自己的生活来源。但是，男女双方的权利分量却明显不对等，男性要求女性仅对自己性开放，要"三从四德"，而对自己却无限宽容放任，可以三妻四妾。这显然是不公平的，但没有办法，因为男性有"田"有"力"，女性毕竟力不如人，要靠他吃饭，权衡一下，活着比"被绿"更重要。既然如此，那就睁一只眼闭一只眼吧，反正别人家也都这样，自己的老娘也这样。

随着时代的进步，大量的工作都不再是力量型的了，女性可以甩开男性，靠自己的智慧和创意吃饭了。这个时候，婚姻制度也发生了重大变化，最主要的形式变化就是实行一夫一妻制，要求男女双方都必须向对方保持忠诚。可一夫一妻制的实行还为时尚短，许多男性的思想还无法从过去那一套彻底转变过来，我觉得不是难以转念，而是男性拒绝转念。因为他们从心里认为，过去那一套对待女性的做法，更符合他们的利益，让他们更愉快。

过去那一套是什么？

男性只需要赚钱养家，家务活一概不管。男性出轨是自然现象，是男性规律甚至是社交需要，而女性出轨则天理不容。女性不能比男性强，必须要维护男性的面子，而女性则不需要什么面子，她们的使命就是照顾好男性和家。

在这种情况下，形容女性是男性的附庸一点没错。可是男人们忘了，今日已非昔时，女性已经独立了：从经济到精神到情感。而男性还活在旧梦里，沿用老一套对自己、对女性，于是就出现了"丧偶式"现象。关于这一点，中国性学教父潘绥铭教授这样总结："现在男女的交往问题，不在于女性，而在于男性。"潘教授总结得非常精准。

经过这样深入骨髓的分析，我们可以得出这样的结论：各种"丧偶式"的根源在于女性日益增长的对美好幸福生活的需求和男性依然因循守旧抱残守缺之间的矛盾。

正因为如此，很多女性为自己鸣不平：钱我自己能赚，房子我自己能买，孩子我自己能养，快乐我自己能找……既然啥都自己可以干，那我还要个男人干什么？纯属找累吗？

这个时候离婚和不婚就产生了。

大部分离婚都是由女性提出来的，就证明了这一点。

我知道这么说可能会被男同胞不接受，但我依然要说，毕竟，大男子主义已经成为全世界婚姻系统内公认的 bug。男性缺隐的家庭关系，久而久之一定会出大问题。

21. 离婚律师总结出来的伴侣出轨信号，早读早知道

出轨了就一定要离婚吗

我们先来看一组来自美联社的"已婚伴侣出轨统计数据"：

伴侣一方或双方承认有过身体或精神出轨的夫妻比例为 41%；

承认自己在过去任意一段亲密关系中曾经出轨的男性比例为 57%；

承认自己在过去任意一段亲密关系中曾经出轨的女性比例为 54%；

婚后至少出轨一次的男性比例为 22%；

婚后至少出轨一次的女性比例为 14%；

和同事出轨的人比例为 36%；

在出差过程中出轨的人比例为 35%；

平均婚外情的时间为两年；

在婚外情被戳破之后，有 31% 的婚姻维持了下来；

假如可以永远不会被发现，有 74% 的男性表示一定会出轨；

假如可以永远不会被发现，有 68% 的女性表示一定会出轨；

有 3% 的孩子是婚外情的产物……

从上面这组调查数据我们可以看到，出轨虽然不被人待见，但它却是一个普遍真实的存在。在一生所有的亲密关系中，至少出轨一次的男性和女性都超过了 50%。

不过，在所有被发现有婚外情的婚姻中，仍有三分之一没有离婚。

所以，出轨并非不可挽救，也并非必须要挽救。全在于你自己的个人感受和心理接受度。作为律师，在这里我只帮你解决两个问题。

人们为什么会出轨

正常人群的出轨心理集中体现在以下几点：

第一，伴侣的性吸引力下降，激不起性欲。

长久的激情并不容易维持，因为对对方的熟悉程度增加，或者女性生完孩子后激素水平下降，会自然降低导致激情的幻想。

所以，在当前伴侣的性吸引力下降的时候，一些人就会试图使用出轨这种方式来给自己找回性冲动。

第二，报复性出轨。

当一方对伴侣的负面情感过多时，会发生报复性出轨。比如，某位男子不满意自己的父亲去世时妻子的表现，在丧事办完后，找朋友聚餐倾诉，饭局上有男人有女人。饭局结束后他和一位关心他的女性开了房，背叛了妻子。

第三，符合本能的自然性出轨。

出轨还有自然而然的？有。

我们仍旧不能排除人类的动物本能，一方面，我们被超我的道德标准束缚；另一方面，我们的本我又想要尽可能广泛地传播我们的DNA。或者说，想要被人喜欢，想要成为能够吸引别人的人，或者偶尔被人吸引，是所有人都不可避免的。

为什么旅游时艳遇会增多？因为陌生的旅行地会给人一种自由和脱离现实的感觉，令你忘了自己的身份。

还有出差途中也特别容易出轨。举个例子，你和异性同事一起出差，参加客户的饭局。其间同事喝醉了，作为同事你会照顾他，假如醉酒的同事是为帮你挡酒而喝多了，你更要多多关照了。那出轨的概率简直太大了。

说这些，就是告诉你，作为成年人，别把出轨看作一件绝对不可能在你家发生的事情，别再对人性作童话般的设想，要去承认它、接受它、面对它。否则，现实迟早会让你心碎。

如何判断我的爱人有没有出轨

第一,生活习惯的突然改变。

比如,从来不爱唱歌的突然爱唱歌了,喜欢英文歌的突然唱起了网络情歌,从来不修边幅的突然在意自己的形象和穿着打扮了,一直叫你老婆突然直呼你的姓名了。

这些看似微不足道的突然改变,都是他心有所动的表现,而且已经相当走心了。

第二,对你挑剔没有耐心。

或许你的爱人原本脾气就不好,但他从来没有像现在这样对你挑剔和不耐烦,如果出现这种情况那你就要警觉了。比如,他突然提起你的缺点,从来不嫌弃你胖的人突然嫌弃你胖,嫌弃你的发型不好看、脸色差,嫌弃你不上进爱追"脑残"剧,嫌弃你娘家事多;当你和他倾诉时他特别容易发火。

第三,态度和行为的改变。

突然变得特别爱自己待着或者出门;到家之后还继续在车里打电话;不再戴结婚戒指;不爱穿你买的衣服;对某个异性表示格外关注,总是主动说起她,而当你表示怀疑时他的态度又特别激烈。这都是值得你引起警觉的苗头。

第四,电子和网络行为。

在你进屋的时候挂电话,你问是谁打来的电话时,他说打错了。与以前相比,在不寻常的时间给同事打电话谈工作,问打电话时说了什么就会生气；手机不离身，不停地翻看手机。在私人聊天平台上花费了比往常更多的时间，不让你登陆他的账户，在你睡着了的深夜上网。抱着手机聊微信总是嘴角上扬，笑得特别甜……

总结这些出轨的信号，只是给你们一个为婚姻把脉的方法。至于怎么用，挖到真相后怎么办，都要根据个人情况自己定夺。

22. 伴侣人格不健全，比伴侣出轨更可怕

伴侣出轨当然不是件好事，但和人格不健全比起来，简直是小巫见大巫。

伴侣人格不健全，不像出轨那样让你情绪激动，但日复一日地"凌迟"足够让你的生活陷入黑暗，而且难以觉察，不易被救赎。因为越是人格不健全的人，他们为了掩饰自身的缺陷，越是表现得特别好，特别具有隐蔽性和欺骗性。作为他们的伴侣，会非常委屈，而每当你倾诉时，往往会被外人质疑。因为他早已把戏份做足，在外人眼里，他是完美的化身。

人格不健全的人有多可怕

几乎每一桩因离婚引起的恶性案件，都有一个人格严重扭曲的"异形人"。

有这样一个刑事案例，甲先生离婚后想和前妻乙女士复合，乙女士不同意。甲先生咽不下这口气，于是手持一瓶硫酸找到乙女士，威胁她若是不同意复婚就泼硫酸。乙女士有点害怕，但是

思考后觉得，甲泼了硫酸就触犯了法律会入狱，所以甲必定不敢泼，只是想吓唬一下自己而已。于是，乙女士拒绝了复合的请求。然而，甲先生真的把硫酸泼向了乙女士，酿成了悲剧。甲先生受到了刑律的制裁，而乙女士也承担了被毁容的痛苦。

甲先生属于冲动型人格障碍，做事不顾后果，冲动起来简直就是魔鬼上身。

哪些不健全人格的人要远离

人格一词来源于西方的心理学和哲学体系，但对人格的解释却是千差万别的，社会学、心理学、哲学、法学、人类学甚至生物学都有自己对人格的解释和定义。在此不做学术上的探讨，仅从大众需求的角度出发，对人格与婚姻的关系做基本解释。

有人说大男子主义可怕，我对此持不同意见。

大男子主义虽然也不好，但还没有到可怕的程度。因为有些大男子主义的男人霸道是霸道了点，但很有责任心，他们虽不注重沟通技巧，但对妻子和孩子特别疼爱。我认识一个特别大男子主义的男士，他平时大大咧咧的，对妻子说话总是用命令的语气，但在大事上却毫不含糊，非常温柔。妻子去医院做个例行体检，他会放下一切工作陪伴，因为他知道妻子害怕去医院。像这样的行动派，比光会卖嘴皮子的油滑之人强太多了。

那么，婚姻中的危险性人格特征有哪些呢？按照危险性大小依次排列：

第一，暴躁易怒型。

愤怒是凶残的前奏。这种人格特质的人是行走的火山，和这种人过日子，就像守着不定时炸弹。无论他想和你离，还是你想和他离，即使离婚多年后，也难免有问题。

有这样一个案例：

女人受不了男人的暴脾气，选择了离婚。后来再婚嫁给了自己的初恋。

而暴脾气的男人因为暴躁出名，没人敢再嫁给他。他心理失衡，知道自己的前妻嫁给了初恋后，暴脾气上来了，怀疑前妻在和自己婚姻关系存续期间也和初恋保持联系，抄家伙就登门"拜访"了，给对方造成了人身伤害。

第二，自卑多疑型。

自卑多疑是造成离婚的最常见人格缺陷。这种人由于原生家庭的影响，或者情场上有过被背叛的遭遇，形成受害者心态，有心理阴影。在婚恋关系中，这种人总是疑神疑鬼，无事生非，总要找爱人背叛自己的蛛丝马迹，大做文章。即使没有，他们也会在脑海里制造场景和编造剧情，为自己制造假想敌。

跟我经常打交道的某法官，他的妻子就是这样。他的妻子条件非常优秀，家境良好，父亲是银行行长，母亲开着金店。她颜值也高，从小学到硕士，一直是校花。因为先前有两段失败的感情，一次被挖了墙角，一次被男友甩，导致她极度不自信。虽然丈夫对她非常好，但她总怀疑丈夫背叛她。多疑到什么程度呢？她每天都要翻看丈夫的通话记录，如果联系人是女性，就要仔细盘问通话内容。该法官每天晚上进家门前，会和所有有可能晚间给他打电话的女性强调一句：千万不要打电话给我，有事明天上班说。

最后这对夫妻都成了重度抑郁症患者。法官痛苦不堪，离婚吧，妻子会自杀；不离吧，苦海无边。

第三，过于依赖型。

一方对另一方过度依赖，也是病态。

我前面描写过的那位丈夫去世后无法正常生活的女房东，就是典型的过于依赖型人格。这种人像菟丝花一样，必须依附寄生在别的人身上才能存活。这种人格状态也非常可悲，无论男性还是女性，这与自立自强的时代精神是相悖的。

第四，"懒癌"患者。

一个新婚不久的妻子回娘家，向母亲抱怨丈夫懒，她的母亲这样劝她："男人都懒，臭男人，臭男人，不臭不脏就不是男人。"

可是"臭男人"有多可怕只有她自己知道。她有时突然出差，家里泡的袜子没洗，怕泡臭了让丈夫换一下水，丈夫都不管。

最终，在一次袜子被泡臭后，两人离婚了。

女人离婚后特别轻松，每天有大把的时间学习和享受生活。她特别庆幸自己没有听妈妈的话，屈从于"臭男人"的老套理论。

人无远虑必有近忧,主动出击是最好的防御,而防患于未然是最好的治理。遇到有人格缺陷的人,你最好远离他,如果"木已成舟",那就尽快改造他,改造不成就体面地离开他,他们和毒品一样可怕。

23. 冲动型离婚解读

"因为一个西瓜,我离婚了"

因为一个西瓜,小林子和丈夫离婚了。

这听起来很不可思议:没有出轨,没有家暴,只是因为一个西瓜,就离婚了?

婚姻生活就是一地鸡毛,一些日常琐事常常会引发让人目瞪口呆的突变。

一个炎热的周末午后,丈夫"葛优躺"了半天,说:"咱下去买西瓜吧。"

小林子说:"好。"

他们一前一后地走着,她看着丈夫,丈夫看着手机,差点被迎面而来的汽车给撞上。

到了西瓜摊,小林子特别想吃沙瓤的,而丈夫想吃清脆的。小林子特别想坚持自己,却身不由己地买了清脆的。

回到家里,小林子越吃越生气,丈夫却不耐烦地说:"有毛病啊?想吃你就重新买去。"

就在这一刻，小林子突然有了破釜沉舟的勇气，她把西瓜顺手丢在垃圾桶里，无比平静地说："瓜就算了，我们离婚吧。"

丈夫愠怒地看了她一眼："为了一个西瓜离婚，你外头有人了吧！"

小林子很坚决地说："随你怎么想，反正就是要离！"

因为一个吃不到一起的瓜，一瞬间，所有过往累积的婚姻中的小矛盾都像潮水一样袭来。

我知道小林子不会龟毛到因为一个西瓜就和丈夫闹离婚，一直以来，她的婚姻是有很多痛点的：

小林子是北方人，爱吃面食，不爱吃辣。

丈夫是湖南人，爱吃米饭，菜里不可无辣子。

其实谈恋爱时小林子也不会做饭，也没想着做饭，因为丈夫炒的菜个个辣，辣得她得了肠胃炎，她只好自己上网百度菜谱，自己做饭。

谁知道，一餐两餐的，就成了习惯，家里做饭的任务就全落在她头上，丈夫还言之凿凿："我做的饭你不爱吃。"

小林子其实很憋屈。

新婚后不久，有一天小林子下班回到家，突然发现婆婆大人驾到，家里换了"新颜"，原来的陈列摆设，被婆婆推倒重来。

这不仅吓了她一跳，还让她很苦恼，可是丈夫只有一句话："我受的是传统教育，我要孝敬父母。"

小林子很难受，这就意味着，除了包容丈夫，其后许多年，还要包容婆婆。她无法想象未来有多煎熬。

丈夫还是个"低头族",爱玩手机爱打游戏,还贪玩有理,每次小林子抱怨他没法交流,他都说自己在工作,语气里全是厌恶和不屑。

小林子说,她的家庭生活基本是这个模样:她和丈夫可以两三天不说话。周末在家,两人的交流仅限于:你上厕所快点,我还要用呢。两人的相处模式是:她独处,丈夫和手机、电脑共处。

小林子的苦恼,让我想起了一部电影——《原谅他七十七次》。这部电影,很多人都说是描写背叛与原谅的,但在我看来,它是描写一朵妖娆的情爱之花如何在沟通无力中凋零的。

影片一开始的画面非常家常,一对相恋多年的恋人,各吃各的饭,饭后各做各的事。男主角进卧室休息时,镜头特写了女主角泪流满面。男主角不理解,一脸嫌弃,背对着她,自个儿睡了。

于是,这对同床共寝的男女,心里隔着黄河长江,一个在这头,一个在那头。

小林子和丈夫,就是这样。

小林子说,她厌烦了这样的婚姻,厌倦了这样的自己,所以,她不想过了,必须离。

作为律师,我常和同事探讨:在导致离婚的原因中,哪个排第一,是出轨,还是家暴?后来我们发现,都不是,答案几乎超出所有人的意料,是家庭琐事,也就是家里鸡毛蒜皮的小事,类似于小林子的西瓜。

张爱玲说,生命是一袭华美的袍,爬满了虱子。对,咬死我们婚姻的,就是这些小虱子,别看它们很渺小,可是破坏力惊人,日日夜夜没停歇地撕咬,直至把两个人的关系咬得千疮百孔。

这些小伤小痒累积在一起,把婚姻中的一方埋得无法呼吸,只好打破关系来自救。小林子就是如此。

关于小林子貌似任性的离婚行为,在心理学上有依据吗

小林子的婚姻,有两个关键卡点。

第一个卡点是自我意识的埋没。

满怀王子公主的童话梦想进入婚姻围城的人,却活成了令自己厌恶的样子。她憎恨这样的婚姻,更憎恨这样的自己。所以,与其说她抛弃了这段婚姻,毋宁说她抛弃了那个讨厌的自己。因为爱,小林子选择了忍,忍成了习惯。可是,她每忍一次,自己就委屈一次。每一次努力超越,每一次被憋回来,都为最终的爆发埋下了导火索。

在婚姻生活中,她一路"升级打怪",却奈何不了婚姻路上的关卡众多。

在这种相处模式下,西瓜只是一面镜子,帮她照见违心相处模式下那个被扭曲的、丑陋的自己。女人都爱美,她或许能容忍自己在婚姻中卑微,却受不了在婚姻中不美。这时候,心里那个"自我"跳出来,捍卫属于自己的正当权益,她决定反叛、起义。

第二个卡点是沟通障碍。

很多女人欢天喜地进入婚姻，就图个余生有人问自己粥可温，有人陪自己立黄昏，在平淡流年里朝朝暮暮，话家常，共悲喜。可惜，在更迭往复的日子里，男人要么忙工作，要么不在线，女人的倾诉欲总是得不到回应。

因为得不到回应，很挫败，女人就不说了。

男人反而很享受女人的这种安静。

可问题坏就坏在这里，男人觉得不争不吵、刚刚好、特省心的婚姻，却是女人的火热水深。

一旦有类似"西瓜"这样的导火索出现，婚姻就会风雨飘摇。

因此，任何婚姻都不会有一劳永逸、高枕无忧。幸福的婚姻，需要持续经营，双向互动。说白了，婚姻是双人舞，不是独舞。

类似这样的冲动型离婚，法律有没有应对措施

《民法典》婚姻家庭编已经对此做出回应，夫妻双方协议离婚时，自婚姻登记机关收到离婚登记申请之日起，有三十天的冷静期，在此期间，任何一方都可以向登记机关撤回离婚登记申请。

这项规定，对于预防本案当事人小林子的冲动型离婚是有一定帮助的。据来自全国妇联的一项调查统计显示，在离婚案件中，特别是"90后"的离婚案件中，有75%的婚都离错了。所谓离错了，就是感情基础尚在，婚姻关系只是有了障碍和危机，并没有到死亡阶段，当事人之间往往是一时气愤，在争吵时嘴巴上没"占到便宜"，气不过，就拿离婚泄愤。

我们将离婚诉讼分为三类，离婚冷静期的作用也各有不同。

对于感情没有破裂只是冲动离婚的，离婚冷静期会平复夫妻双方的情绪，让夫妻双方得到心理调适，以达到继续维持这段婚姻的目的。

对于已经亮起红灯的危机婚姻，在离婚冷静期内，夫妻双方可以寻求婚姻家庭咨询师或心理咨询师的帮助，进行心理疏导和情感修复，认清造成家庭矛盾的根源，改正错误，改善关系，促成调解。

至于已经彻底死亡的婚姻，在离婚冷静期内，调解人员会劝解夫妻双方和平分手，促成协议离婚，或通过判决处理子女抚养及财产分割问题。

挽救婚姻、维护家庭稳定固然是离婚冷静期的一个重要目的，但并不是全部。离婚冷静期绝不是不让当事人离婚，而是通过这段时间的冷静思考，特别是加上法官、调解员、心理咨询师的介入，帮助夫妻双方理性分析婚姻中的问题，评估有无挽救婚姻的必要，认清婚姻亮起红灯的原因，最终慎重地作出是否离婚的抉择。这才是离婚冷静期真正的意义所在。

离婚冷静期在《民法典》诞生之际，无疑成了顶级流量。有人说离婚都这么难，谁还愿意结婚啊。可是谁又不是"我要自由"的同时，渴望"烟花陌巷，幸有意中人"呢。萨特说过"自由即选择，选择即责任"，婚姻不是想结就结，想离就离。离婚冷静期并非是你追求幸福路上的程咬金，而是法律小心翼翼给出的温柔提醒。正如"人民法院报"公众号的评论:"让冲动的离婚冷静,让冷静的离婚止损,让感情尚未破裂的重归于好,让感情确已破裂的好聚好散,或许这才是《民法典》在'婚姻自由'这篇土壤上开出的花朵。"

24. 婚姻危机与婚姻死亡有界限,不要一言不合就离婚

生为凡夫俗子,吃五谷杂粮,我们的血肉之躯会生病,同样,婚姻也会出现各种各样的问题,形成危机,直到濒临死亡,这是一个渐进的过程。

以最寻常的一件小事举例,一对夫妻互不理睬,这是一个特别模糊笼统的现象,它有可能是一件小事,也可能是婚姻危机,还可能是婚姻死亡。

假如夫妻间互不理睬,是因为一方最近工作忙乱懒得说话,或是因为情绪周期处于低谷,只是持续了几天而已,这就是小问题;如果是因为一方认为另一方处理问题不符合他/她的价值观,耿耿于怀两三个月,那就有点危机了;如果是因为一方有了外遇,看到爱人的一言一行都厌烦无比,没法同他/她在一个屋檐下生活,那就是婚姻濒临死亡了。

搞清楚这三者之间的界限,对于经营亲密关系非常关键。婚姻危机,是说夫妻感情出现了问题,或者说出现了比较严重的问题,表现为夫妻双方在日常生活中,因家庭琐事和彼此性格差异所造成的争执和矛盾。但是,并非所有的婚姻危机都到了必须分道扬镳的地步。婚姻死亡是夫妻感情确已破裂,双方因日常生活

中的争执、矛盾累积到一定程度，致使两人已经不可能再在一个屋檐下共同生活了。

现在离婚率这么高，很大程度上是因为人们根本不了解婚姻危机和婚姻死亡的区别。意气用事，一言不合、一事不顺就离婚，使得很多根本没有到达离婚程度的婚姻，都在当事人的任性下终结了。事实证明，即便那些已经上了法庭的离婚诉讼，也有半数以上的离婚当事人，经过法官等人员的劝说调解打消了离婚的念头。比如下面的案例：

原告王某（女方）与被告刘某（男方）于2008年6月登记结婚，2009年2月举行婚礼并共同生活，2011年1月生育一子。因原告发现被告在共同生活期间有出轨行为，一气之下要求与被告离婚，被告也当庭同意离婚。在庭审过程中，主审法官察觉到，双方是自由恋爱，感情很深，原告并非真心想与被告离婚，双方对婚生子也均非常疼爱。参照2017年天津红桥法院出台的全国首个"危机婚姻、死亡婚姻诊断处理的标准"，主审法官判断，双方的婚姻属于危机婚姻，以弥合为首选。其依据是尽管被告存在出轨行为，但双方感情并未破裂，在法庭上的表现冲动多于理性。为了弄清他们真实的想法，法官在庭下耐心的单独询问了双方的想法。不出所料，原告坦言并不想离婚，只是想通过起诉的方式发泄情绪，也教训一下被告，不料被告竟当庭同意离婚。而被告呢，也并不想离，之所以爽快答应离婚，一是为了面子，二是作为过错方心存内疚。弄清楚双方的真实心意后，主审法官在耐心劝导原告的同时，也积极做被告的工作，希望双方能够重归于好。

在法官的努力下，原告申请撤回起诉，并对法官的工作表示感谢。

夫妻一方出轨，只能说是婚姻遭遇到危机，并不必然导致婚姻死亡。实际上，在司法实践中，90%以上的因出轨起诉离婚的案件，双方的真实意图并不想离。起诉方是通过起诉来捍卫自尊，发泄情绪，维护尊严。而被起诉方更不想离，只不过碍于面子，出于愧疚，只能将错就错。

为了维护婚姻稳定，避免未到达濒死阶段的婚姻被错判，家事法官的每次离婚判决，都是慎之又慎的，就像去医院看病要望闻问切、抽血化验一样，法官在家事审判中坚持调解前置和情感修复，对婚姻状况也会进行综合诊断，属于危机婚姻的，哪怕是有百分之一的希望，也会紧紧抓住多做调解。当然，对于死亡婚姻，也会依法判离。

那在审判实践中，什么样的离婚案件可以拯救，什么样的婚姻属于已经死亡呢？

一是看婚姻基础如何。婚姻基础不单单包括感情基础，还包含诸多社会因素，比如双方的经济条件、文化背景、家庭背景，等等。如果感情基础薄弱，婚姻基础偏差较大，婚后又不能相互包容，若得不到及时的感情修复，很可能导致婚姻死亡。

二是看婚后的感情状况。《民法典》第1043条第2款规定"夫妻应当互相忠实，互相尊重，互相关爱；家庭成员应当敬老爱幼，互相帮助，维护平等、和睦、文明的婚姻家庭关系。"这应该是婚后感情衡量的一个法定标准。作为夫妻，共同生活期间就应相互关心、忠诚、敬重、包容，如果发生纠纷的次数多、频率高，长时间不能互相包容，甚至违背忠诚义务，这样不利于感情向好的方向发展，长此以往，亦会导致婚姻死亡。

三是看离婚的原因。离婚原因是指离婚的一方提出离婚的理由和主要依据。离婚的原因非常复杂，有的是单一的，有的是多元的；有的是夫妻之间的矛盾，有的是婆媳姑嫂间的矛盾；有的是因外出务工导致长期分居感情淡化，有的是因经济困难生活压力大，个别的还有第三者插足，等等。只有找到离婚的真实原因，才能更准确地区分夫妻感情的真实状况，从而判断是婚姻危机还是婚姻死亡。

四是依据法定感情破裂的标准。《民法典》第1079条从五个方面规定了夫妻感情破裂的法定标准："（一）重婚或者与他人同居；（二）实施家庭暴力或者虐待、遗弃家庭成员；（三）有赌博、吸毒等恶习屡教不改；（四）因感情不和分居满二年；（五）其他导致夫妻感情破裂的情形。"

以上四条法院认定婚姻死亡的标准，可供大家参考。既然法官在进行家事审判时都坚持调解前置和情感修复，那我们在日常生活中也要对自家的婚姻进行综合诊断，判断它是危机还是死亡，不要动辄就把"离婚""上法院"当作口头禅，这就像有点头疼脑热就给自己判死刑一样荒唐。

第二部分

解怨释结，
好好离婚

"愿得一心人，白首不相离。"这是爱的初衷，却未必能善终。

因为关系不可能完美，如同世事不会完美。

如果有一天，到了非离不可的关头，请你理性，

请你忽略婚姻的情感属性，重视它的经济合伙属性。

任务有三：

做好心理建设，

经济上争取"多要辆自行车"，

亲子关系上继续和他/她好好合作。

第四章
做好心理建设,把内伤降到最低

导读

对所有人来说,离婚都会带来不同程度的心理创伤。
会让人有强烈的丧失感与不安全感,

还会造成一项隐性却影响持久的心理问题——自卑。

很多离婚的人,表面上强烈谴责对方,
实际上认为自己很糟糕,将婚姻失败归咎于自己无能。

所以,在准备离婚的时候,一定要做好自己的心理建设,
否则离婚后的人生,将是一场漫长的苦旅。

不过,有下面这几碗"酒"垫底,
离婚就不会对你造成毁灭性的打击。

25. 别等到内心充满仇恨再为离婚做计划

电影《东邪西毒》中有一句台词:"如果有一天我忍不住问你,你一定要骗我。就算你心里多不情愿,也不要告诉我你最爱的人不是我。"可这终究只是一厢情愿的自我欺骗,不再爱你的人,从来不会因为你能哭、能忍辱、能装傻,就回心转意善待你。与其这样,不如早放手,一别两宽,各生欢喜。

你唯一需要做的,就是早做准备,争取利益最大化,把损失降到最低。别等到气急败坏丧失理智再被动行事,那时候,你的智商为负数,你出什么牌都是错,因为早就被对方套路好了,就等你往里钻。你越气愤,越钻,被毁得越彻底狼狈。

姐姐的单位里有个"神仙姐姐",叫小暖。人是真暖,逢人就打招呼,见人就笑。单位里人人都喜欢她,唯独她的丈夫。

夫妻俩都在政府大院办公,隶属不同机构。

丈夫和单位打字室里一个叫小美的姑娘好上了。

小美只是个临时工,父亲是单位食堂的大厨。小暖的丈夫一开始并没对小美另眼相看,因为她相貌平平土里土气。但后来慢慢地,他发现小美这姑娘嘴巴很甜。告诉你们吧,四十多岁的中年男人很少能经受住年轻女孩的殷勤主动,只要对方坚持,他们一定会有意志薄弱的时候。小暖的丈夫就是这样"沦陷"的。

"沦陷"后的套路很深,都在同一个家属区住着,小暖的丈夫总是主动张罗打牌(该娱乐项目不在小暖的兴趣点上,却是小美的最爱),等到大家都聚齐了,打上几把,他俩就先后离开了。所以，打牌只是幌子。一开始大家都怀疑，也有多事的邻居含沙射影地提醒过小暖，但小暖总是不放在心上。

后来小暖的丈夫又帮小美介绍对象，找了个海员，一年回家探亲一次。

然后，丈夫安排小暖去外省陪女儿读书。

在小暖待在外省的一年里，丈夫办了不少大事，比如把小美的工作调到了市里，还买了房子，生了儿子。

整座城的人都知道了，包括小暖的妹妹，正是她要求姐姐不要继续陪读，提前回来。可是小暖还是不当回事，哈哈一乐。

有人说小暖是装傻（装作视而不见），有人说她是真聪明（不想离婚，所以掩耳盗铃）。

直到有一天，小暖在市里和妹妹一块逛商场时，正巧遇到丈夫带着小美和儿子买东西。然后就发生了电视剧里常见的那一幕，姐妹联手撕"小三"。

丈夫早就做好了准备，解释说只是碰巧遇见了而已，还责怪小暖不通情理。

小暖自然不信，提出让丈夫和那孩子做亲子鉴定。可是人家根本不让她见孩子。

丈夫以小暖不信任他为由，提出离婚。一向好脾气的小暖人设崩塌，采取了最不明智的措施来泄愤，带领自己的妹妹在机关大院揭露丈夫的丑行，在街头贴大字报，还去上级单位的党委机关告状，想在仕途上搞垮丈夫。

最后，谁都没垮，她自己的精神先垮了，得了重度抑郁症，连床都下不来。

其实，小暖的婚姻败局，是完全可以避免的，这涉及对待流言蜚语的态度。每个人的周围都有一些多事的邻居，我也遇到过。有一次，我出差回来，邻居夫妇告诉我，前几天晚上他们回来时正好看见我妻子的车回来，副驾驶座位上好像有个人。如果是冲动无脑的人，可能立马就犯疑心病，上去就开始"审问"了。我没有这样做。后来通过侧面打听，得知妻子的表弟来送土特产，她去地铁口接表弟。各种证据确凿，妥妥地没问题。

所以，对于流言蜚语，要懂得辨识，要克制自己的冲动，仔细辨析，留意观察，不能让看热闹不怕事大的人笑话，又可以多个机会检查和盘点自己的婚姻。俗话说："无风不起浪。"流言蜚语有时候也能看出点端倪。这时候若是有一定的敏感度，加以干预，就能避免问题扩大化。再来看小暖，历时五年的婚姻破裂过程，那么多人提醒她，包括自己的亲妹妹，她却采取了逃避现实的"鸵鸟心态"，最终把自己给坑了。

真的勇士，敢于直面婚姻中的各种问题

我们的身体需要体检，婚姻也是，要认真审查婚姻的运营状况、损坏程度，没有问题防患于未然，有小问题及时修复，有大问题积极止损。这才是正确的婚姻养护观。

当婚姻出现疑点时，不装傻不行，只装傻也不行。要审时度势,适可而止,这真是个烧脑的技术活,但要为幸福计议,绝对不可推卸。

婚姻内不要太自信

在生活中,我们往往会遇见被"打脸"的人,她们对于自己的魅力和丈夫的人品特别有把握,坚信自己的婚姻坚不可摧,绝不会离婚,也不会被离婚。偏偏是这种人,忽然就离婚了。所以,聪明的女人永远不会扬言"我的婚姻绝对不会出问题",这和说自己永远不会生病一样自大。

每一对情侣,在结婚后都要往最好处努力,把日子过好,同时也要往最坏处打算:假如离婚了,我该怎么办?

不要等到四面楚歌再张罗,因为人在冲动时,最容易做出偏激失控甚至触犯法律底线的行为。比如小暖,不仅婚姻失败,还险些被起诉。

法律锦囊

好,下面我就来解决小暖行为中的法律问题。

第一、她有没有权利,仅凭怀疑就要求小美的孩子和自己的丈夫进行亲子鉴定呢?

《民法典》第1073条:"对亲子关系有异议且有正当理由的,父或者母可以向人民法院提起诉讼请求确认或者否认亲子关系。对亲子关系有异议且有正当理由的,成年子女可以向人民法院提起诉讼，请求确认亲子关系。"

根据此规定，当事人只能是孩子的父母或者孩子本人，可以请求确认亲子关系，而其他人不能启动本程序。本案中，只能是小美或者小暖的丈夫或者小美的孩子中的一方可以请求确认亲子关系。小暖显然不是当事人，没有权利申请亲子鉴定。

第二、小暖和小美在商场大打出手错在何处？

《治安管理处罚法》第四十三条：殴打他人的，或者故意伤害他人身体的，处五日以上十日以下拘留，并处二百元以上五百元以下罚款；情节较轻的，处五日以下拘留或者五百元以下罚款。

《刑法》第二百三十四条故意伤害罪：故意伤害他人身体的，处三年以下有期徒刑、拘役或者管制。犯前款罪，致人重伤的，处三年以上十年以下有期徒刑；致人死亡或者以特别残忍手段致人重伤造成严重残疾的，处十年以上有期徒刑、无期徒刑或者死刑。本法另有规定的，依照规定。

任何人在任何时候都不能出手打人，造成他人身体伤害的按以上规定承担相应法律责任，她应当寻求其他解决之道。

第三、她在公众场合吆喝老公的"罪行"构不构成诽谤罪？

《刑法》第二百四十六条侮辱罪：以暴力或者其他方法公然侮辱他人或者捏造事实诽谤他人，情节严重的，处三年以下有期徒刑、拘役、管制或者剥夺政治权利。

本罪在主观上必须是故意，行为人明知自己散布的是足以损害他人名誉的虚假事实，明知自己的行为会发生损害他人名誉的结果,还是希望这种结果的发生。行为人的目的在于败坏他人名誉。如果行为人将虚假事实误认为是真实事实加以扩散,或者把某种虚假事实进行扩散但无损害他人名誉的目的,则不构成诽谤罪。本案中,小暖在公众场合吆喝丈夫的"罪行"不构成诽谤罪,但也是不妥当的。

26. 婚姻从来都不是终身大事

多年前,在出差的火车上,我遇到了一个"另类"的男人。

软卧包厢里只有我们两个人,都是下铺,旅途漫长,聊天几乎是不可避免的事。

他是一名铁路工程师,三十五岁,高大英俊。我心想,他那么好的工作,那么好的风度,被哪个好命的女子给收了呢?

谁知,他竟然未婚。

我好奇地问:"你条件这么好,为什么不结婚呢?"

他很坦诚地说:"我以前处过一个女朋友,但她动不动就发脾气,还整天翻看我的手机,让我觉得和女人相处很累,分手后就再没有找过女朋友。"

我又问他:"你的父母不催婚吗?"

他说:"我的父母早年离异,我随父亲长大,我的父亲也是工程师。"

听他描述自己与父亲的生活,平静而美好。他说,父亲不只教会他读书、做家务,还言传身教帮他树立了自己的价值观,并且十分尊重他的意见。

他还和我进一步探讨婚姻的意义。临别时,他说:"婚姻确实很好,但也不是必然选项,一个人也可以活得很精彩。那些二十几岁就嫁人的女孩子,我常常觉得她们太吃亏了,还没来得及和梦想过手,就要为家庭做出太多牺牲。"

虽然我们只有一面之缘,但他却成了我的人生导师。他打破了我小时候从妈妈那里听到的,女孩子长大了就要赶快嫁人的价值观。

其实婚姻根本不是终身大事,好好活着才是。

曾经看过杨时旸的一篇文章,叫作《婚姻是一件人生小事》,他在文中这样写道:"婚姻,其实不过就是一种人际关系。它不是一种本能需求,和吃饭、喝水、呼吸不同,绝不是每个人都需要的。只不过太多人不懂得这个道理。"

他还说,婚姻本身是一件小事。结婚,不过就是两个成年人决定在一起生活,并分享生活,别无其他。不要美化它,也无须丑化它。

的确,相对于单身或者恋爱来说,婚姻也只是另外一种生活状态,它没有人们想象中那么必要,那么不可或缺。

有了这种正念,才可以好好地经营婚姻,才可以冷静地面对离婚,接受离婚,不把它看作天塌地陷的灭顶之灾。

当然,我们每个人都是在中国式传统婚嫁文化下成长已久的个体,该如何重树婚姻不是终身大事之正念,或者减缓中国式传统婚嫁文化的影响呢?

你可以进行下面两项工作:

第一,观察看看那些单身的人,或者离异的人,他们是不是真的生活很不幸福。

第二,试着离开你的伴侣几天,独自旅行或者回到父母身边。

当然,我引导你做这些,并不是要你时刻准备着离婚,而是要你练习独自生活的能力,我情愿你这项能力永远不会被用到,但你真的必须要具备它。

好了,我和婚姻无仇无怨,下面,我罗列出婚姻的好与不好,请大家自行斟酌,看看自己是否适合婚姻,必须承认,很多人的性格真的不适合婚姻。

婚姻的甜头

生活中互相陪伴照顾。当今社会生活便利,很多事情花钱请专业人员就能解决。但在日常生活中,仍会有各种各样不能花钱请人解决的问题,比如,晚间突然断电而物业又无法查修,这时丈夫就派上了用场;深夜应酬完客户回家,看到妻子给留的一盏灯,心里会无限温暖……

倾诉与沟通的伴儿。人是社会性动物,需要倾诉与沟通。有时候吵架争辩也是一种沟通。这种沟通对身心皆宜,越老越明显。我的父母年轻时吵吵闹闹,可是老了却如漆似胶。在养老的方式上他俩的观点也不一致,我爸想去老年公寓,我妈想在家。他们争论不休，于是我说："那就把老爷子送公寓，把老太太留在家。"我爸立马软了下来："我离不开你妈。"

财富共同体。也就是经济互助，比如有这样一对夫妻，妻子爱写作，先生爱摄影。于是他们就采取轮班制，妻子想专门写作时，就不上班，先生上班养家。妻子自由烦了，就去上班，先生就自由自在地搞摄影。夫妻俩轮流打工，互相供养。而很多白领精英工作压力非常大，却一天班都不敢翘，就怕失业，有生存危机感。虽然他们的存款足够养活自己，但没有伴侣的支持总是莫名其妙地缺乏财富安全感。

婚姻的苦处

不自由。这就好比走路，单身就是一个人走路，婚姻就是两个人被捆在一起走路，这就需要你顾全大局，要想不摔跤你得控制自己，从抬脚的速度到出脚的角度以及落脚的方位，你都得关注对方。考量的因素多了，思虑多了，就会不自由。

忍耐。因为家庭是社会的单元，是个群体，是个组织，你不能光顾自己的感受，不能由着性子随心所欲。从一定意义上讲，交出自由的过程就是忍耐的过程。比如，你不喜欢和婆婆同住。可是婚后婆婆就那么大大咧咧地来了，这些问题是先前你们两口子没有考虑到的。丈夫不可能攮他的母亲走，你虽然不喜欢，可是能好意思直接说"我不想和您在同一个屋檐下住"的女人非常少。大部分女性选择了忍耐，这是非常痛苦的体验。

当然，婚姻的甜头与苦处还有很多，每个人都可以拿出纸笔，仔细列举，然后自己定夺：婚，还是不婚。

无论结果如何，都没必要别扭，这只是人们在权衡利弊得失后做出的利己行为而已。

27. 恋爱是情感问题，婚姻是社会问题

在婚姻态度上，中国人说西方人很不正经，在结婚之前就与对方发生亲密关系，谈了很多场恋爱也不结婚；外国人说中国人不严肃，关系还不足够亲密就敢结婚。尽管不能绝对化，但西方人对待婚姻的确比对待爱情更加严肃和慎重。他们重视爱情的情感属性，也对婚姻的社会属性有明确的认知。而我们过于放大爱情和婚姻的情感属性，对婚姻的社会属性认知不清。

在西方人眼里，爱情是浪漫的过程，两人怎么交往都没问题，但婚姻是社会问题，一举一动都会牵动社会治理的神经，所以必须慎重。相比之下，我们的年轻人却糊涂得很，为什么结婚？因为可以把爱情进行到底呀，天长地久呀。就是这种盲信，直接导致悔婚现象越来越多。

假如对恋爱与婚姻关系问题没有科学理性的认识，认识不到恋爱和婚姻的实相，那么你恋爱谈不好，婚姻也经营不好，离婚也离不好。

爱情的实相是什么

爱情的实相包括两层含义：

第一，你可以和任何人谈恋爱。

谈恋爱，只要感觉好就够了，此外什么都不重要，不需要门当户对，不需要郎才女貌，不需要经济尚好。在爱情面前，年龄甚至性别都不成问题，简言之，你可以爱上任何人。

第二，爱情的"保质期"很短。

在一对寻常男女之间，爱情的存在不会超过三十个月。这是美国康奈尔大学教授辛蒂·哈赞在调查了三十七种不同文化层次的五千对夫妻，并进行医学测试后得出的结论：对大多数人而言，爱情最多只能保持三十个月。在此之后，一般就不易出现看到对方便心跳加速、手心出汗的情况了。

哈赞指出："研究显示，爱情是大脑中的一种'化学鸡尾酒'激发出来的，这些化学物质有多巴胺、苯乙胺等。但时间久了，即使是最容易对异性产生冲动情绪的人，也会对这几种化学物质产生抗体。两年以后，它们的作用便失效了。超过这段时间，男女双方要么分手，要么心平气和地一起过日子，爱情成为习惯，特别是有了孩子以后。即使双方想生更多的孩子，这几种化学物质也不再起作用了。"当第三者出现时，这几种化学物质还会死灰复燃。然而，与第三者的"纯真爱情"同样不会超过三十个月。

放在离婚主线下谈这个问题，是要你明白，别再以"没有爱情了"为离婚理由，因为这个理由并不充分。

哈赞的研究对传统的浪漫思想提出了挑战，对那些对爱情抱有美好想法的人是个不小的打击，因为大多数人认为，他们之所以能生活在一起，是因对方爱自己，谁知道爱早就没了呢？

其实也没必要沮丧，十八到三十个月这段时间足够你使用了，足够你物色一个好伴侣，约会、结婚、生子。问题是要好好经营。

你了解了爱情的真相与保质期，就不会让爱情在婚姻里作祟。举个最浅显的例子，一旦你触摸到恋爱与婚姻的实相，当婚姻出现问题时，你脑海里就不会直接出现"他不爱我了""他背叛我了""我要惩罚他""他应当受到报应"这样的想法。

婚姻是社会问题

婚姻是社会问题，意味着婚姻不是两个人的事，是两家人、全社会的事。这就要求我们结婚要慎重，不仅要考虑先前的爱情，更要考虑两人的匹配度。离婚更要慎重，婚离不好，就会对他人和社会造成危害或恶劣影响。

男女离婚，并不是你俩跑趟民政局，把证一换就算了。你是社会人，你的父母、你的孩子、你的朋友圈、甚至全社会，都会为之担负成本。举个例子，两人离婚了，本来是一个家庭，现在变成了两个家庭，有可能妻子带着孩子成了单亲家庭，那么社会管理和治理成本都加大了。

所以，假如你想离婚，一定不能只顾自己一时痛快，要多方衡量，兼顾一下其他层面的利益和生活。

许多老人因为子女的离异问题而忧心忡忡，甚至罹患疾病。有太多的孩子，因为父母离异，无法生活在一个完整的家庭，而出现这样那样的问题。这样的例子信手拈来，亲友圈里就有。

哥哥离婚时，侄女才上小学，我一直未见她像别的孩子那样哭闹，她甚至会打趣自己的妈妈离去时连一口锅都不放过的样子。我一直认为她是个坚强的孩子。两年后的除夕夜，侄女过生日，小小的人儿怅惘地待在窗前，泪水潸然，她在想念她的妈妈。因为年三十，都要在自己家里过年，她无法和妈妈见面，于是哭个不停。我安慰她说："你父母刚离婚时你都没这么大动静，那个坚强的你，哪里去了？"她告诉我说："二年级时，我最好的朋友的爸妈离婚了，我们班里的同学都欺负她。所以我都是在被窝里偷着哭，从来不敢让同学知道我的爸妈也离婚了。"

结了婚的人，要少提爱情，多谈责任

一段美满的婚姻，它因爱情而起，却不因爱情而生。彼此的尊重和理解、忍让与信任、责任和义务起着黏合剂的作用，这一点是毋庸置疑的。所谓责任，就是男女双方要对自己的小家庭共同承担的义务及自己在家庭当中享有的权利。责任包含权利和义务，妻子对丈夫的权利和义务、丈夫对妻子的权利和义务。

这里所讲的责任清楚地规定了每个人的社会角色。相对于感情而言，两者存在以下区别：感情是起伏不定的，而责任则是稳定不变的；感情无法讲回报，而责任则规定着双方的付出与获得；感情不能要求对方而只能要求自己，责任则永远是对双方而言的。

所以，没有责任感的人是不适合结婚的。婚姻中人，都要或多

或少地牺牲一些东西，才能保持婚姻的稳定和长久，那些不想牺牲只想得到的人，不愿担负婚姻责任的人，自然是不适合结婚的。

所以，如果说婚姻是河流的话，那么责任感便是这条河流的堤坝，没有责任的婚姻，必然如没有堤坝的河流一样，会肆虐成灾。

28. 那几年的情爱与时光，都没有错付

生活中，饮食男女爱不成，便成恨，第一反应就是，那几年的时光真是浪费了。

很多人走不出离婚的阴影，不是因为爱对方，舍不得离开他，而是觉得自己亏了，"愿得一心人，白首不相离"的梦碎了，青春时光全被这混蛋耽误了。于是内心充满仇恨，恨自己眼拙、恨对方心狠、恨命运待自己不公。其实，无论好的婚姻，还是坏的婚姻，都是一场修行。和谁过，那几年的时光都没有白过，都是成长的阶梯。

他是北京最著名的胡同里一家咖啡馆的员工，终日站在木质柜台后，专注地磨咖啡豆、冲泡咖啡，然后把地道醇厚的咖啡递到顾客手中。

她是附近一所高校的学生，成绩优异、外貌娇美、气质不凡。

她很喜欢这家咖啡店的气氛，所以经常光顾。

他和她慢慢地成了朋友，那种介乎朋友和恋人之间的朋友。

他把她当作女神，每每想起她，内心就一阵激动。可是他只

能将这份感情隐藏在心底,因为他有自知之明,她前途无量,而他高中都没毕业,做着一份随时可能会失业的工作。

直到那年的平安夜,下着很大的雪,她红着眼睛进来,坐在角落里,久久地一言不发。

他便趁着空闲,做了一杯她平日最喜欢的摩卡,送到她面前,憨憨地说:"这杯我请你喝。"

她给他一个甜甜的微笑。

于是他们的关系更近了一步。他们竟然有共同的爱好——读书,还有共同的梦想——成为作家。她惊讶于他思维的缜密、性格的成熟,劝他参加成人自考,获得更好的文凭和工作。

他辞去了工作,报了自考辅导班,瞒着她偷偷学习。她打电话来邀约,他也狠下心婉拒了。所有的努力,都是为了能在学历上和她平起平坐。

第二年九月,他终于获得了自己梦寐以求的学位。他第一时间打电话给她,约她看电影,她却语气轻快地拒绝了:"我已经有约了。"

电话那头,他听到优雅的音乐,和一个男人的声音。

挂了电话,他仿佛迎来了世界末日。百无聊赖地在街头漫步,他最终走到了他们相识的咖啡店,却不经意间看到了她。

她还是坐在老位置,橘黄的灯光下,对面却坐着一个穿服务生衣服的男人。他们亲密地交谈着,看上去默契又般配。

老板告诉他,那是他辞职之后新来的店员,学历不高,人却很活泼，也很细心。末了，老板又多说了一句："我看啊，他们俩说不定能成呢，上次那女孩的前男友过来闹事，还是这小子帮忙解决的。"

他的心里像打翻了五味瓶，早知道她还是找了个服务生，自己还努力做什么？

他拿着自己的文凭和一封未寄出的情信，伤心地离开了北京，回到了家乡。

几年以后，他事业小有成就，在一次出差途中重回北京，他与她在那间咖啡店重聚。她脸上挂着和当初一般的甜美微笑，说着当年旧事。

当年的她也曾喜欢着他，所以才会鼓励他一起学习。她早知道他报了自考，却为了配合他而装作不知道，甚至和咖啡店新来的店员商量如何选一个节日给他一个惊喜，他却阴差阳错误以为她移情别恋。

两人在夜色阑珊中告别，转过身，他却淡淡地笑起来。

毕竟，正是因为那无果之爱，他才走到了今天。

虽然，这是她和他的故事，但是故事中的她和他，或许就是当年生活中的你和他。

爱情的树上，只结两种果：苦果和甜果。但是，若你真的无奈地经过，任时光荏苒，走过万水千山，蓦然回首时会发现，它们其实都是助你成长的善果——智慧。

没有他/她的伤害，岂有你今日的精彩？

若不是他/她当年的痴爱,哪有你今日的情怀?

爱情是一场修行,我们终将在这场修行中成长。这就是爱情的意义。

这样一想,理上便通了,情上也治愈了。唯有如此,我们才能云淡风轻地对自己说:感谢过往。

29. 死拖不离的"老赖",能否获得法律支持

朋友送我去机场,路上唠家常。我问他:"两天后能来机场接我吗?"他说:"不能,我要参加堂弟的婚礼。"

他说,这婚礼参加得老大不情愿,比葬礼还难受。因为堂弟是二婚,他为自己的前弟媳妇鸣冤:"我要是她,我就死拖着不离。"

于是我就陷进了"死拖不离"这个扎心的中国式老思维里。我一遍又一遍地问自己:真能死拖不离吗?那些对天发誓要把对方拖死的狠角色,结局都是怎样的呢?

当冯少华说离婚时,葛艳愣了一下,她心里蹦出一万个不服:"真要提离婚,也是我提,哪里轮得到你?"

也就愣了几秒钟,葛艳就开始拽着冯少华骂:"你这个没良心的,真为了外面的下贱货色和我离婚,连儿子都不要了!你混蛋,你该死……我不离婚,我死也不离婚。"

冯少华真没想到,平时总把离婚挂在嘴边的葛艳,会不同意离婚。葛艳嫁给他时确实有点委屈,当年,葛艳的父亲是局长,必须承认,他看上的不仅是葛艳的美貌,还有她父亲的官职。冯

少华的工作,就是葛艳的父亲给安排提拔的。结婚的房子,也是葛艳的父亲给买的。吃人家嘴短,一点不假,这些年,他在葛艳一家人面前总抬不起头来。也因此,他发奋图强,下决心要混出个样来,让自己直起腰杆。

冯少华有能力,也有学历,情商也不低,凭着自己的努力,三年前他终于当上了医院院长。

这些年,葛艳总是把离婚挂在嘴边上,之前他不在意,现在他当上了领导,突然受不了了,原因有三:一是随着职位的升高,自尊心和面子增强了;第二,他的工作更忙了,心里也难免焦虑,会控制不住情绪;第三,葛艳提离婚的次数增多了,因为冯少华升职,葛艳有了危机感。

这些年,冯少华受够了妻子高高在上,而现在,他突然想做个爷们儿。妻子撒泼,他就尽量不在家,工作确实也忙。偶有空闲,他便和朋友们聚餐,心里委屈时,也喜欢和同事交流。单位有个女大夫,一直暗恋他好多年了,但他一直和她保持距离。

可是,葛艳总怀疑他和那个女大夫之间不清白。现在,冯少华提出离婚,葛艳更认定了是因为"小三","小三"就是那个女大夫。

其实,葛艳并不那么爱她的丈夫,但她铁定了心就是不离。

我在单位的咖啡厅约见了她。我让她忘了我是谁,当我是个男闺蜜,真诚地告诉我,为何不离婚。

她向我倾诉得很彻底:

"第一，我就是和他较劲，要离也该我开口，是我一直看不上他，他从一开始就是高攀我。

第二，我不能输给一个不如我的女人，那是我的耻辱。我承认我有'公主病'，他是我的奴仆，她是绿叶，我是花魁。我就要这个劲儿。

第三，欠我的要还给我。当年因为他追得紧使得坏，导致那个我爱的男人误会放弃了我，这些年我心里不平衡。"

就因为这三点原因，葛艳拖了三年，就是不离婚。

可是冯少华照样上班，仕途顺利，工作充实，业余生活丰富，活得四平八稳风生水起。

相比之下，葛艳的情况就差了很多，虚伪的朋友看热闹，真诚的朋友劝她放手，她嫌朋友不向着她说话，都和人家绝交了，成了孤家寡人。

她的精神彻底崩溃了，父亲早从官位上退了下来，而她的"仇人"（丈夫）步步高升，她心里的怨毒像野火一样时刻燃烧着。心相改变了她的形象，原本在局里，她也到了该被提拔的时候，可领导见她这副模样，只有摇头的份儿。

现在，她耗不起了，感觉把自己耗空了，所以她才找到我，问："我该怎么办？"

我笑着告诉她："很好办，天大的难题，从你接受和选择面对的那一瞬间开始，就变成了一加一等于二这么简单。"她家的离婚问题很好处理，因为男方不争家产，对孩子的抚养权也不执着，只要她舒服就好。

我安慰她说:"比起那些为家产争得你死我活的怨偶,你的'命'已经够好了。"

不得不说,在民间"被离婚"是衰事,摊上了就是"命"不好,被耍了,所以,大家本能地抗拒,负隅顽抗。有特别多的婚姻"老赖",宁死不屈,咬定"就不离,拖死你"。可是把别人拖垮的很少,把自己拖垮的成堆。

所以,奉劝大家,假如一个男人对你不再有爱意,不再关心你的生老病死,那就识趣点,勇敢地当那个首先提出离婚的人,别做那个被动的离婚"老赖"。

好,现在来面对这个问题:假如对方死拖着不离,你该怎么办?

途径有二:

第一,协议离婚,有话好好说。

当你决定离婚时,一次友好氛围下的谈判很有必要。

再不好的婚姻关系,也有惯性,在日复一日的家庭生活中,爱情得到升华,成为亲情,无论你会不会意识到,你们已经成了一家人。作为主动离婚者,问题的"始作俑者",你早已经实现了爱情转移,并且平稳落地。而你的伴侣,却还是一个"小白"。你突然提出离婚,会给对方造成应激性心理伤害。所以,对方的情绪失控行为实属正常。你提出离婚之前,一定要有这一基本认知,并做好接纳应对的心理准备。

为了让离婚之路走得更顺畅，建议你要找一个特别科学的切入点，开诚布公地和对方谈一次心。

自己的角色塑造很重要，这不是教你虚情假意地演戏欺骗对方，而是真诚坦然地对婚姻作出检讨。不要扮演一个咄咄逼人的训话者，不要扮演一个破罐子破摔的负心汉，也不要做一个大逆不道的千古罪人。而是做一个认真的检讨者、一个真诚的忏悔者，负责任地表达，尽可能地获得对方理解和原谅。以当事人冯少华为例，他可以友好地、略有受伤地告诉妻子，这些年，面对高高在上的她，他总是有自卑的心疼。这样真诚坦率地沟通，很容易勾起同情，引发对方的忏悔之心，降低冲突的激烈程度。

不要单方面冷不丁地拿出一纸离婚协议摆在对方面前，任何人都不喜欢被强迫，而你这是赤裸裸地强迫和蔑视。你没有尊重对方的意见，没有征得对方的同意，对方拒绝和反抗，也是合乎情理的。

所以，一定要商量清楚各项事宜后，再签下离婚协议书，然后到民政局办理离婚登记。

第二，诉讼离婚，好聚好散。

如果对方就是拒绝离婚，那你就可以采取诉讼离婚了，通过法律手段保护离婚自由和人权。

《中华人民共和国民法典》规定，夫妻一方要求离婚的，可以由有关组织进行调解或者直接向人民法院提起离婚诉讼。人民法院审理离婚案件，应当进行调解。如感情确已破裂，调解无效，应准予离婚。即使是在一方不同意离婚的情况下，另一方向法院起诉离婚。法院要不要判离，主要是根据夫妻双方的感情。夫妻感情不和、分居满两年是认定夫妻感情破裂的根据。如果一审不判决离婚，半年后可以再次起诉。

当然，在具体的司法实践中，法官在判决离婚时也遇到了一些现实的难题。比如，有个男当事人就威胁法官说："只要你们判决离婚，我就把她全家都杀了。"遇到这样的当事人，法官也只能耐心地劝说。也正是因为这样的现象，促成了我们《一别两宽》这个书名的诞生。

30. 给自己"断奶"，掐断对他的情感和经济依赖

为什么离婚那么痛苦？为什么一对男女不能说散就散？不是因为断爱难，而是断了依赖太难。

经常有被离婚的女性口口声声说"我不是离不开他，我是为了孩子"云云，这都是为了捍卫自尊而找出来的托词而已。实际上，你就是离不开他，相处太久，你对他在心理上形成了依赖，有他，你的生活才完整。虽然你对他并不是百分百满意，但没有他，你的人生有了莫大的缺口。

那天，我去朋友家做客，我们一起看纪录片，内容是在南非旅行露营。哥们边看边感叹："若是几年前，这样的旅行我说走就走，现在不行了，现在感觉离不开老婆做的饭，觉得离开老婆做的饭就会死掉似的。"这是一个婚姻内男人对女人的依赖。

一次，一个女性朋友向我倾吐了她的秘密。

她和若曦有一个共同的蓝颜知己，叫辉。她们三个人有一个共同的群，每天有互动，感觉精神生活很愉悦。

后来，辉去西藏旅行时，认识了一个"驴友"谈起了恋爱，和她们互动玩笑的时间少了。若曦受不了，觉得特别痛苦，而她就很轻松。她问我："为何同样是朋友，若曦就受不了？"

我大概问了一下若曦的生活样貌，然后跟她解释说："因为若曦对他有依赖，若曦离异后，把辉作为唯一的撒娇对象、礼物供应者、分忧解难者，等等。她生活中的一切难题都依赖辉来解决。现在，这个依赖被另一个女人分享了、剥夺了，她自然无法忍受，痛苦不堪。而你不靠辉吃饭，不要辉陪伴，自然不会受到影响。"

举这两个例子，就是要告诉大家，在人与外界的关系上，失落和痛苦都源自依赖。不是有句网络流行语吗，"恋爱就像皮筋，最后放手的那个总是最疼"。其实最后放手的那个，就是依赖更多的那个。

所以，分手后要想不痛苦，就赶紧断除对他的依赖，身体的、经济的、情感的，等等。

身体的依赖我不讨论了，大家都能摸索到适合自己的方法。这里只讨论如何断除经济和情感的依赖。

经济的依赖好断，劳动者光荣，认真工作的女人最美。真的，哪怕是捡破烂、当水果小贩，也要自己养活自己。你首先是人，其次才是女人。

情感的依赖不好断，需要时间，我给大家支的招是"软硬兼施"，先来"软"的，若不见效就来"硬"的。

有人可以实现平稳过渡，回想自己不认识他之前的样子，或看看周围离独女人的样子。你要找点正能量的人当参照，找那些能自己把日子过得很好的类型，别接近那些要死要活的类型。

要有信心，身边有一大把离了婚自己过得活色生香的女人，她们活得自在，都不想再婚了呢，任凭追求者踏破门槛。

你说她们懂得自我保护了也好，变得狡猾机巧了也好，反正她们再也不想被一个男人拖着稀里糊涂地结婚了，她们还会为自己算笔账：假如我嫁给了他，我的生活会什么样？有位女士是这样算的：我要和他生二胎，这是我不愿意的；他现在"三高"，年龄比我大，还爱喝酒，需要我照顾他；他还有二老，并且二老的身体都不好，我还要照顾他的二老，这样我会很累；我现在可以按照自己的喜好生活，吃自己喜欢的食物，随心所欲去旅行，不用将就任何人。

像她这样的女性，自己靠自己就能在天地间立得住，一定会在爱情中拥有更多的主动权，无论是恋爱分手还是离婚，对她的影响都不会特别痛苦，因为她没有依赖，所以不会有割裂之伤。

所谓来"硬"的，也分两种：一种是你权当他已经去世了，他去世了，你还不活了？另一种是忍痛割爱，逼着自己不去指望，把他强行从自己的生活中移除。你迫使自己相信，他是你生命中的毒瘤，只有割了它才能安生。

第五章
财产分割：尽量帮你"多要辆自行车"

导读

既然走到离婚这一步了，就少谈"心"，多谈"金"吧。

你要知道，《民法典》保护的，是资产，不是弱者。所以，你平时的资产，要为自己"留线"。

分手时，尽量多为自己争取辆"自行车"，这样当下的心情能平衡点，往后的日子能好过点。

只是，现在人们追求利益的做法常常南辕北辙。

捉"小三"真能为自己迎来胜利吗？

出轨证据真能让他多赔钱吗？

这些问题，远不是你认为的那样。

31. 离婚时夫妻财产分割的一般原则

老马和爱人离婚了，都无过错，就是因为鸡零狗碎的小矛盾，两口子都不想委屈了，说离就离了。

老马身兼数职，收入多，爱人为了照顾家庭和孩子辞了工作，生孩子后只是业余做做家教，收入甚微。

离婚时，老马两口子在财产分割上产生了巨大分歧。钱基本上都是老马挣的，财产也都是他打理。现在，妻子提出和他平分存款的请求，老马不同意，觉得太不公平，他说："你一个月挣两千，我一个月挣五万，现在我要分给你两万五，凭什么？"

不凭什么，凭法律规定。

分割夫妻共同财产，直接关系到离婚双方的切身利益，是离婚诉讼中的头号问题。老马之所以困惑，就是因为他不了解财产分割时的最高原则：男女平等原则。

在一个家庭中，夫妻两方的收入比例大多是有区别的，但在分割共同财产时，双方应有平等的权利，不能因为一方经济收入较低、没有经济收入而少分或不分财产。夫妻双方对共同所有的财产有平等的所有权，离婚时，任何一方对共同财产都依法享有平等分割的权利。

除了男女平等原则，在离婚财产分割时还有哪些原则需要遵循呢？

第一，照顾子女和女方利益的原则。

离婚时，夫妻双方对共同所有的财产，原则上均等分割。但鉴于目前我国女性的经济条件和男性相比普遍低一些，本着照顾妇女和儿童利益的原则，在财产分割上法律规定予以适当倾斜，这样才能减轻妇女和儿童因分割财产而造成的生活水平下降和生活困难，保证儿童的健康成长。

《民法典》更为注重保护子女的权益，这是因为父母离异会给未成年子女的生活和学习带来影响，为使下一代健康成长，在分割夫妻共同财产时，给抚养未成年子女的一方适当多分一些财产，以满足照顾子女的实际需要。这一原则意味着离婚分割夫妻共同财产时，一方面不得侵害子女和女方的合法权益；另一方面，应视女方的经济状况及子女的实际需要给予必需的照顾。

第二，照顾无过错一方的原则。

在离婚案件的处理过程中，在财产分割时，无过错方有权请求损害赔偿，适当多分。让过错方承担离婚损害赔偿责任，这是对受害方的法律救济，体现了法律的公平原则。

这里的过错是法律意义上的过错，而不是民间所说的过错，是指《民法典》第1091条明确规定的关于离婚损害赔偿制度的五种情形：（一）重婚；（二）与他人同居；（三）实施家庭暴力；（四）虐待、遗弃家庭成员；（五）有其他重大过错。

在照顾的程度上，应根据有过错一方过错程度的大小和共同财产的多少由法官酌定，"照顾"只应向无过错一方做适当的倾斜，不能有失公平，更不能因此而影响有过错一方的基本生活。

第三,公平原则。

公平原则是《民法典》规定的原则。公平原则要求以利益均衡作为价值判断标准来调整民事主体之间的物质利益关系,确定其民事权利和民事责任。离婚不仅终止了婚姻关系,还涉及夫妻及子女等家庭成员的利益,在离婚财产分割时使用公平原则,一方面合理分割夫妻现有的共同财产;另一方面还应清算夫妻的经济利益,在公平的前提下进行分割。

第四,尊重当事人之间的财产约定原则。

婚姻关系受私法调整,必然要尊重意思自治原则。根据这一原则,公民有权处分自己的财产,因此《民法典》规定了财产约定的形式、范围及对第三人的效力。这有利于满足市场经济条件下,夫妻因各种原因、多种形式、合法处理双方财产的需要,体现了婚姻关系中的男女财产权利平等,有利于减少家庭纠纷,保护当事人的合法权益,促进社会经济发展与家庭和谐。

了解这些离婚时财产分割的基本原则,以备不时之需,即使用不到,也可以改变您看待离婚的角度。

32. 道德优势并不能必然转化成财产利益,捉"小三"往往得不偿失

丈夫出轨了,妻子的第一反应是什么?捉"小三"呀。恨不得把那个"狐狸精"撕碎、剁烂,扔进十八层地狱。

捉"小三"除了解恨以外,还能带来经济利益,几乎人人都

知道《民法典》有关于离婚损害赔偿的规定。所以，在情感和经济利益的双重刺激下，女人把捉"小三"当作最最重要的事情来做，为此不惜倾尽精力、财力，甚至冒险。那么，你那些捉"小三"的做法真的合法吗？你穷尽一切手段搜集来的"证据"真的能帮你获得更多的利益吗？

答案是否定的。在我多年的职业生涯中，经常有当事人前来抱怨：我费尽心思搜集到对方有过错的证据，竟然不被重视？法律真是太冰冷了！

不是法律冰冷，是你理解有误。

来看一个特别有代表性的案例：

李梅是通过丈夫的手机发现那个女人存在的。

丈夫喝醉酒了，被朋友送回家，呕吐不止，李梅正忙得不可开交，丈夫的手机响了，李梅顺手就接了。一个女人的声音，特别不客气地问："你是谁？"李梅如实回答。电话那头的女人说："你丈夫爱的人是我，他和你的婚姻只是形式。"李梅一下子蒙了，她顺便翻看了一下丈夫的微信，发现确有其人，两人有好多肉麻兮兮的情话。

第二天丈夫醒酒后，李梅就开始兴师问罪。未料丈夫根本不承认，当李梅要手机跟他核实时，丈夫死活不给手机，把手机摔了。不承认，也不离婚。

必须承认，在得知男人有外遇的第一时间，所有女人的心理都是一样的：恨，恨不得弄死他和她。然后就是向那个最能庇护自己的人求助。

李梅想到了自己远在上海的妹妹。

妹妹一听亲爱的姐姐被渣男姐夫和"狐狸精"联合欺负了，立即向单位请假，叫上姐姐的女儿一起捉"小三"。妹妹关系广、路子野，她发动人脉调取证据：

通过在腾讯公司工作的同学，以私人关系调取了姐夫的QQ聊天记录。

通过在移动公司工作的同学，以私人关系调取了姐夫的通话和短信记录。

确定姐夫的出轨行为后，来到第三者的工作单位，辱骂加殴打第三者。

当李梅姐妹俩把自己搜集的一系列"证据"交给法官，以为法官会为自己主持公道时，谁知这些"实锤"不仅不能当作证据，姐俩反而因为这些"实锤"被批评了。更可悲的是，等气头过去，李梅突然改变主意不打算离婚了。她意识到之所以被"狐狸精"钻了空子，自己是有责任的，比如她不该事业心那么强，不该对丈夫那么冷淡。可是，因为自己的行为让丈夫颜面扫地，丈夫坚决离婚，提出反诉。

明明是丈夫出轨"铁证如山"，自己却全盘皆输。到底是人心凉薄，法律无情，还是自己无知？我们要好好分析一下了。

现有的离婚案件，有一半以上涉及婚外情问题，很多朋友都奔走在捉"小三"的前线，并为找不到丈夫出轨第三者的有效证据而苦恼。这里，有三个要点特别提示大家：

第一点，虽然《民法典》上规定了无过错方可向过错方索赔，一旦婚外恋被法律认定，那么无过错方就可在财产分割上占得先机。但死板的法条规定和活生生的现实之间还存在相当的距离，法律在实践中非常保守，落实在判决书上和当事人的期待落差很大。也就是说，出轨证据的作用并没有人们想象的那么大，心理和道德上的优势并不能转化为经济利益。所以，别对捉"小三"产生过高的心理期待，否则你会失望的。

第二点，你的取证行为通常是高危行为。正像你们烦恼的那样，因为婚外情本身是非常隐私的事情，取证就天然困难，你的取证行为本身就有可能侵犯了他人的隐私，再加上激动的情绪，很容易侵犯他人的人权。比如，故意伤害、侵犯住宅、诽谤等等。所以，在捉"小三"时，为了取证而"偷鸡不成蚀把米"的"冤情"屡见不鲜。

第三点，证据的合法性上违法，效力上无效。婚外情取证难，认证证据更难，大多数婚外情离婚案能被认定的屈指可数，直接能证明婚外情的证据很难取证，一般当事人只能得到电话清单、通话记录、短信息内容、相对亲昵的照片、证人证言等，但这些证据都只属于间接证据，其证明力相对较小，一般法院都不会因为这些证据而认定对方有过错。在没有直接证据支撑以及对方否认的情况下，都会被法庭否定。所以，要取证就要找出关键的证据，否则花这么多精力和金钱去取没有实质意义的证据，是很不划算的。

33. 到底该如何收集婚姻过错方的证据呢

互联网发达的今天，寻找私人侦探调查婚外情好像并非难事，这仿佛给受伤绝望的家庭主妇提供了一道希望之光。于是，为了获得道德优势和经济利益，在自认为对方有出轨行为时，她们不惜钱财委托他人或机构代为调查，也有不怕苦不怕累自己上手的。对于这些民间行为，我想喊话："危险，危险。"

关女士是自己发现丈夫有问题的。丈夫冠冕堂皇地说去外地出差，结果她洗衣服时竟发现丈夫的身份证没带，这就有问题了。

两天后，丈夫疲惫不堪地回来了，还说工作真累。他演，关女士也配合他演，假装无限怜爱，其实是为了稳住丈夫，暗地里搜集证据。趁丈夫补觉的时间，她翻看了丈夫的短信，果然有约会的往来记录。关女士记下了"小三"的手机号。

接下来，关女士装得很平静，照样和丈夫一起看电影喝咖啡，无比恩爱。但在这平静的表象下，她正在轰轰烈烈地进行着取证工作。

她买了一个电话号码，用新电话号码给第三者发短信，说："你和某先生的婚外情我知道得一清二楚，请给我封口费。"并提供了双方的名字，在一起的时间等细节，开了封口费的数目。

第三者一看吓坏了，她并不想东窗事发，想破财免灾，于是就答应给封口费。

关女士一开始只是想套出丈夫出轨的证据，没想到对方这么"配合"，临时起意想敲她一笔钱，心想："你偷我男人，我从你身上拨毛,两清了。"于是,她提高了封口费的数目,要求对方给她二十万。

对方拿不出来,关女士就各种威胁。最后,对方报了警。关女士犯了敲诈勒索罪。

再说丈夫身份证的事,也许是被"小三"告知了,关女士的丈夫突然想起找自己的身份证了,问关女士有没有见过他的身份证,关女士否认了。其实,她拿着丈夫的身份证去银行和房管局取证了,调查了丈夫的银行卡支出明细,并发现丈夫在某花园小区有一套公寓。

通过调查银行卡支出明细,关女士发现丈夫转给了第三者一笔十万元的费用,她一气之下,自行往自己的账户转账三十万。

通过这些"自作聪明"的行为,关女士是得到了一些丈夫的财务和婚外情信息,但这和她所冒的风险相比,实在是得不偿失。她不仅犯了敲诈勒索罪,还险些犯了盗窃罪。

有人问了,既然自己调查这么麻烦,那雇私人侦探或调查公司去做好了。

这个选择更糟糕:一是费用很高,二是风险更大。

先来说一下婚外情调查公司。你要知道,他们设立公司的目的是谋利,而不是当你的保护神。他们会用各种非法的手段获取你们夫妻俩的信息,你的先生暴露了,你也不能幸免。而且,他们还极有可能利用手中掌握的隐私胁迫你的丈夫拿钱封口。你的丈夫没钱了,你怎么可能有财产分割?你的孩子怎么办?你以为调查公司会保护你,其实不过是给了另一个"第三者"让你的丈夫身败名裂、让你的家庭倾家荡产的机会。

关于请人代为取证,存在两个问题:

第一,是它的合法性问题。我们认为,既然法律赋予了当事人"谁主张,谁举证"的权利,当事人自然有权委托代理人代为调查取证。被委托人不论是谁,只要其采用合法手段、使用合法的器械取来与本案有关的证据,就是有效证据,只是其证明力的大小由法官认定。因此,对于有些有必要的案件,请私人侦探调查取证,也不失为一种争取最大权益的手段。

第二,财产调查要看情况。对于一般的离婚案件,财产争议额度不大,当事人经济能力不是很高的,不宜请人代为调查取证。请人代为调查取证的工作量大,可能会有若干人参与,周期相对较长,同时工作也存在风险性、危险性,因此,委托调查取证的开销相对较高。但对于家庭共同财产较高,对方有过错,证据对财产分割影响较大,或者财产证据线索较为重要的案件,可以请人代为调查取证。

34. 如何防范另一方隐藏、转移、变卖财产

文静刚刚结婚,父亲为她在北京买了豪宅名车,又给了她一笔巨款。这嫁妆,够豪。

文静特别高兴,但她高兴的不是自己喜结良缘,而是"我终于替我的妈妈讨回了公道"。

她"潜伏"十几年，把自己嫁掉，只为了利用婚姻从她的父亲那里狠狠捞一笔。

这要从十几年前文静的父母离婚说起。

文静大四那年，父母离婚了，因为父亲有了外遇。文静特别恨她的父亲，因为父亲能有现在的职位和地位全是姥爷一手培养提拔的。现在，他位高权重，却有了情人，天理何在？

为了不给文静留下心理创伤，文静的父亲专门跑到西安给文静解释："我净身出户，房子和存款都给你和你妈妈。"

说到这些的时候，父亲的眼角湿润了。文静的心软了一下，有点原谅了父亲。

母亲再也没和父亲家的人有过来往，可是文静还总是回去看望奶奶，慢慢地，她发现了一个惊天大秘密，原来父亲早就把几套房产都过户到姑姑的名下，而他也有自己的公司，交给情人打理。文静从此痛恨父亲那边的一切亲人。她千方百计地挑拨奶奶与继母的关系，使得继母心情抑郁，生活态度悲观。

转眼文静三十多岁了，她的父亲总是催婚，本来文静是个不婚主义者，一点都不想结婚，可是当父亲说"只要你结婚，条件随便你开"时，她突然心动了，她觉得可以趁此机会从父亲那里好好捞一笔，替母亲"报仇雪恨"。

现在，文静有了孩子，但她并不爱自己的丈夫，因为她本不想结婚，但她把母亲接来，住在父亲买的豪宅里，感到从未有过的心理平衡。

该为文静欣慰,还是心疼呢?若是稍懂点法律常识,她完全可以换另一种科学的方式来保护母亲。根据《民法典》第1092条规定:"夫妻一方隐藏、转移、变卖、毁损、挥霍夫妻共同财产,或者伪造夫妻共同债务企图侵占另一方财产的,在离婚分割夫妻共同财产时,对该方可以少分或者不分。离婚后另一方发现有上述行为的,可以向人民法院提起诉讼,请求再次分割夫妻共同财产。"

如何防止一方在离婚时隐藏、转移财产

这在司法实践中历来是一个非常棘手的问题,因为人是自私的,隐藏财产的情况非常普遍,尤其是出轨者,当他们有了和第三者另组家庭的想法,就开始想方设法进行财产欺诈了,这点真的不好预防。因为在正常婚姻生活中,没有人愿意每天忐忑不安地两手准备,像防狼一样防备着对方,很累,也很没意思。而等到走到离婚这一步,又防不胜防了,因为对方已经准备得相当周全了。

尽管如此,我们还是总结出以下预防及应对措施,供大家参考。

(一)最保险的做法是签订婚前协议。

这是先小人,后君子的做法,也是最有效的做法。结婚前签订婚前协议(把婚前和婚后的财产约定清楚),婚后,也可以签订有关协议,就协议内容可以委托律师起草,并经过公证。

其法律依据是《民法典》第1095条:"男女双方可以约定婚

姻关系存续期间所得的财产以及婚前财产归各自所有、共同所有或者部分各自所有、部分共同所有。约定应当采用书面形式。没有约定或者约定不明确的适用本法第一千零六十二条、第一千零六十三条的规定。"

夫妻对婚姻关系存续期间所得的财产以及婚前财产的约定，对双方具有约束力。

（二）最好功夫用在平时。

俗话说："女人心细如针。"大部分女人都细错地方了，细在捕风捉影上。女人的心细要用对地方，比如，平时留意对方使用网上银行或银行卡的银行账号信息，特别关注大笔资金的变动。同时，还可以从缴水电费、话费等收据上，了解对方有哪几个银行的账号。这些行为都是避免对方转移财产的预防方法（在知道一方开户行和账号的前提下，申请法院查询，一般不会存在问题）。

假如对方行为异常，引起你的怀疑，这时候要保持理性，不动声色，密切关注他的票证或存款往来记录，看最近一段时间，有没有大额的付款和消费记录以及向房产公司汇款的记录等等。如果他心思缜密，没留下任何蛛丝马迹，你可以采用推理的方法来确定对方是否购买了房产，比如，假设他瞒着你在别处另行购买了房产，根据你对他的了解，他购买房子的目的是什么。如果是给情人居住，就设法调查情人的住处，查到门牌号后，到房地产交易中心查该套房屋的产权情况。如果是给亲属使用，就先确定排查范围，然后再逐一排除。一般情况下，当事人私自购房后，闲置的可能性不大，即使以上调查全部落空，还要密切注意对方是否与房地产中介公司有往来，也就是说，有可能会出租。

（三）及时申请财产保全。

如果还未起诉或已经起诉离婚，发现对方已在转移财产，可向法院申请财产保全。

（四）亡羊补牢，为时未晚。

离婚后，发现对方有隐藏、转移财产的行为，可以向人民法院提起诉讼，请求再次分割夫妻共同财产。

讲了这么多，面对案例中文静父亲的情况该如何处理呢？

"金蝉脱壳"转移财产如何对付

"金蝉脱壳"是指在夫妻关系存续期间，以他人名义购买房产，但自己却是房产的真实拥有者，等到离婚之后，再将该房产过户到自己名下。文静的父亲就运用了"金蝉脱壳"的手法。"金蝉脱壳"，一般存在于夫妻一方财力较强且对离婚蓄谋已久的情况。这种方式，虽然技术上"高明"，非常狡猾，但操作成本也较大，要支付较多的交易契税。

对于这种情况，查找的突破口在以下几点：

第一，所谓的产权人有无泄露真相的可能。因为房产价值巨大，一般当事人不会用朋友的名义购买，通常都是以近亲属的名义购买。因此，如果一方生活并不宽裕的父母或兄妹拥有巨额的房产，就非常可疑。以此为突破口，密切观察，通常会有收获。

第二，根据交易时间顺藤摸瓜。一方根据购房付款的时间，回忆另一方在此期间资金上有无重大异常行为；准备充分的，还可以去银行打印对方此期间的资金流水明细；在确有把握的情况下，查询向房地产公司汇款的具体银行，也可能获得意外的收获。

总之，在实际生活中，还有很多离婚前转移财产的行为和方法，并且都很隐蔽。因此，在遇到问题时，除了细心观察外，还可以借助专业人士的专业技术，维护自己的合法权益。

35. 夫妻离婚，关于房产你不得不防的"暗亏"

作为一个法学研究生，在上海滩闯荡多年的"女汉子"，她权益意识的淡薄令我侧目。

她是赵，我的大学同班同学，只不过她弃法从文了，在上海成了一名作家。

那天，她打电话来说要离婚，问我她能得到什么。我问她想要什么，她说只想要房子，这样自己能继续安住。

我知道她是个对环境特别有依赖性、适应能力很差的女人，我想帮助她。可当她详细述说了她家的情况后，我发现我爱莫能助。

赵在结婚领证之前，和丈夫有一段长达五年的同居生活。在那段时间里，他们共同买了房子，付了全款，并进行了精致的装修，她把毕业后的收入全都用来打造爱巢，一分钱都没给自己留。

也许她所有的精力都用来写作了，对生活杂务一概不关心，买房办手续都是丈夫一手操办的。房产证上并没有写她的名字，丈夫当时也给她解释来着，但她根本不听，只是一句"无所谓，我不在意"。

房子一共五百多万，装修和家电、家具花了五六十万。但是出资的证明和购物票据她并未留存，手里什么都没有。

我问她为何这么大意，她很懊恼地说："谁会想到这个？就像一个活人谁整天想着给自己准备墓穴？"

当我明确地告诉她，为了争取到房子她需要提供什么证据时，说了一半就被她打断了，她说："我还是净身出户吧，太复杂了。"

幸亏她心宽，懒得为钱财与对方争，否则，她为这个家付出了这么多，却都打了水漂，真是要气个半死。

但这样的暗亏，吃得真不值。假如不是这样，她一定可以住在给她安全感和灵感的宽敞明亮的居室里，写出更多优美的作品，而不是像现在这样，整天因为租房搬家而惆怅。

我为什么帮不了她呢？因为她家的房产属于婚前由双方共同出资购房，且付清全部房款，但产权证上只有一方的名字的情形。在这种情况下，如果一方不承认另一方购房时有出资行为，另一方也没有充分的证据证明自己有出资行为的话，那么，另一方的权益是得不到法律保护的。也就是说，即使一方真出了钱，但不能证明有出资行为，法院也无法认定为夫妻共同财产。

在房价持续攀升的城市里，房屋如何分割一直是离婚时的焦点问题，无论是从安居的角度，还是从增值的角度，对于当事人都尤为重要，多学习点这方面的知识很有必要。别说你不在乎，无论晴天还是阴天，备一把伞总是好的。

在实践中，离婚时房屋分割的情况相当复杂，但分门别类，无外乎以下几种情况，请大家对号入座。

第一，由父母参与出资购买的房屋，离婚时，该如何分割？

这种情况在年轻家庭中非常常见，也是争议较多的情况。

此前依据《最高人民法院关于适用〈中华人民共和国婚姻法〉若干问题的解释（二）》第二十二条规定：（1）当事人结婚前，父母为双方购置房屋出资的，该出资应当认定为对自己子女的个人赠予，但父母明确表示赠予双方的除外；（2）当事人结婚后，父母为双方购置房屋出资的，该出资应当认定为对夫妻双方的赠予，但父母明确表示赠予一方的除外。

另外，此前《最高人民法院关于适用〈中华人民共和国婚姻法〉若干问题的解释（三）》第七条规定：婚后由一方父母出资为子女购买的不动产，产权登记在出资人子女名下的，可按照婚姻法第十八条第（三）项的规定，视为只对自己子女一方的赠与，该不动产应认定为夫妻一方的个人财产。

由双方父母出资购买的不动产，产权登记在一方子女名下的，该不动产可认定为双方按照各自父母的出资份额按份共有，但当事人另有约定的除外。

司法解释（三）和司法解释（二）不一样，司法实践中用司法解释（三）为宜。

还有一种情况：在离婚时，一方突然提出，买房子的钱是向父母借的，不是父母赠予的，并拿出借据证明。遇到这种情形不要慌，对此，法院的做法一般是看另一方的态度，如果另一方不承认，法院一般不对该债权债务是否成立进行审查，因为债权人不能作为第三人参加诉讼。因此，法院在对房屋进行分割的同时，会告诉债权人另案起诉。

第二，夫妻一方婚前购买的房屋，且房款全部付清，认定为一方的婚前财产，离婚时，另一方无权要求分割。

《民法典》规定：一方的婚前财产，为夫妻一方的财产。此前《最高人民法院关于适用〈中华人民共和国婚姻法〉若干问题的解释（一）》同时规定：夫妻一方所有的财产，不因婚姻关系的延续而转化为夫妻共同财产。既然夫妻一方婚前付清了全部房款，无论该房屋房产证是婚前取得还是婚后取得，该房屋都是婚前财产。离婚时，另一方无权要求分割。房屋产权问题，主要看出资情况，而不是看房产证的取得时间。

第三，婚后夫妻一方以个人婚前财产购买的房屋，应属于一方的婚前财产，离婚时，另一方无权要求分割。

这涉及夫妻一方用婚前个人积蓄或资金来源于个人婚前财产购买的房屋的归属问题，由于这只是原有财产价值存在形态发生了变化，其价值取得始于婚前，故应当认定为一方的个人财产，离婚时，另一方无权请求分割。

第四，夫妻双方婚后用共同财产购买的（包括贷款）房屋，应属于夫妻共同财产，离婚时，一般均等分割。

这种情况下，无论房产证上写的是一方的名字，还是双方的名字，均为夫妻共同财产。离婚时，应均等分割，分割时应按房屋分割时的市场价计算，而不是按购房合同金额计算，取得房屋的一方要支付对方半价。如果涉及贷款，要先将贷款部分减去。

第五，夫妻一方婚前通过按揭贷款购买的房屋，婚后夫妻共同还贷的房屋，离婚时应酌情分割处理。

房屋由一方婚前通过按揭贷款购买，这种情形在年轻白领夫妻中非常普遍。这种房屋的价值一般分两部分处理。婚后房屋增值部分以及婚后用婚后共同财产还贷部分，应当视为夫妻共有财产，即根据出资情况，要将财产来源分为婚前、婚后两部分进行分割。共同还贷部分，不论是由一方用个人工资还贷，还是用双方工资还贷，都应认定为夫妻共有财产。当然，一方有证据证明其还贷资金来源于个人婚前财产的除外。

第六，婚前双方共同出资购房，产权证上只有一方的名字，离婚后房屋如何分割？

这就是案例中赵女士的情况，也是在现实生活中较普遍的现象，特别在大城市里，完全由一方出资购房，压力很大，通常由双方共同出资购房。在双方婚前共同出资购房时，由于婚前双方感情很好，一方不在乎，购房合同及产权证上只写了另一方的名字。结婚后因感情破裂离婚，此时，写名字的一方不承认另一方购房时有出资，认为房屋属于婚前个人财产，另一方无权要求分割。具体分以下两种情形：

（1）婚前双方共同出资购房，且付清全部房款的

如果一方不承认另一方购房时有出资，另一方自己也没有充分的证据证明自己有出资的话，那么，另一方的权益是得不到法律保护的。也就是说，即使一方真出了钱，但不能证明有出资行为，法院也无法认定为夫妻共同财产。

（2）婚前双方共同出资购房，但未付清全部房款的（有贷款）

此情形争议的是婚前双方共同出资的部分，婚后共同还贷部分还是属于夫妻共同财产。

为了避免不必要的麻烦，我们强烈建议大家婚前双方共同出资购房的，务必留存自己的出资事实证明材料，比如，出资汇款银行记录，或信用卡刷卡记录。务必要在购房合同及产权证上写上双方的名字，这才是双方互相尊重、互相信任、促进感情和避免争议的不变法则

第七，由一方婚前承租、婚后用共同财产购买的房屋，房屋权属证书登记在一方名下的，应当认定为夫妻共同财产。

这种情况，在现实生活中，多出现在福利性房屋上，以前争议比较大，但现在法律有了明确规定。根据此前《最高人民法院关于适用＜中华人民共和国婚姻法＞若干问题的解释（二）》第十九条规定："由一方婚前承租、婚后用共同财产购买的房屋，房屋权属证书登记在一方名下的，应当认定为夫妻共同财产。"

第八，产权证上有第三人的名字，分割前应先进行析产。

在有些人家的房产证上，不仅有夫妻二人的名字，还有第三人的名字，这种情况下房屋分割起来就比较复杂了。

司法实践中一般是这样处理的：（1）对该房屋的分割不予审理，由当事人另案起诉。

（2）根据当事人的申请，将案件中止审理，告诉当事人另行提起析产之诉（又称财产分析，是指财产共有人通过协议的方式，根据一定的标准，将共同财产予以分割，而分属各共有人所有），然后根据析产的判决结果，对夫妻共有部分的房屋价值进行分割。

第九，对尚未取得产权证的有争议且协商不成的房屋，应根据当事人的协商，酌情依法分割。

根据此前《最高人民法院关于适用＜中华人民共和国婚姻法＞若干问题的解释（二）》第二十一条规定：离婚时双方对尚未取得所有权或者尚未取得完全所有权的房屋有争议且协商不成的，人民法院不宜判决房屋所有权的归属，应当根据实际情况判决由当事人使用。当事人就前款规定的房屋取得完全所有权后，有争议的，可以另行向人民法院提起诉讼。

但是，如果双方对尚未取得产权证的房屋没有争议，且又能协商一致的，人民法院可以判决房屋所有权的归属。

第十，其他。

随着国家经济政策的发展，在城市住房改革的过程中，也会发展出新的房屋产权形式，比如两限房、国家共有产权房以及所谓的"小产权房",在离婚房屋分割时会不停地出现新问题、新矛盾,这需要我们利用法律思维,具体问题具体分析。

36. 忠诚协议能成为夫妻财产分割依据吗

话说,牛魔王与铁扇公主成亲后,居住在芭蕉洞,过着神仙眷侣的好日子。可好景不长,铁扇公主发现牛魔王死性不改,常前往摩云洞与玉面狐狸私会,于是大发雷霆,质问牛魔王。

牛魔王知道自己犯了错,铁扇公主不好惹,为了安抚她的情绪,就在情人节当天主动写下血泪承诺书一份作为情人节礼物,保证"若再有出轨行为,离婚时愿放弃一切财产,自愿净身出户"。没过多久,牛魔王再次私会玉面狐狸,当场被抓。铁扇公主要求牛魔王按照协议交出所有财产,净身出户。

这个段子是我的同行们编出来形容夫妻间的忠诚协议的。现实中,一些夫妻为了保卫爱情,严防配偶出轨,便以签订忠诚协议、保证书、承诺书等的形式,约定一方如果存在婚内出轨等不忠行为,离婚时自愿放弃财产,净身出户。

看上去牛魔王确实有错在先,那么铁扇公主让牛魔王净身出户的要求,究竟会不会得到法律的支持呢?今天我们就来扒一扒法律条款,给现实中的铁扇公主们一个交代。

忠诚协议既不能保卫爱情,也不能为财产诉求撑腰

根据此前《最高人民法院关于适用<中华人民共和国婚姻法>

若干问题的解释（三）》第十四条规定：当事人达成的以登记离婚或者到人民法院协议离婚为条件的财产分割协议，如果双方协议离婚未成，一方在离婚诉讼中反悔的，人民法院应当认定该财产分割协议没有生效，并根据实际情况依法对夫妻共同财产进行分割。签订此类所谓的忠诚协议，实际上是约定在双方离婚时财产如何分配的协议。因此依据上述司法解释的规定，若一方在离婚诉讼中反悔，则该财产分割协议就没有效力，法院要根据实际情况依法对夫妻共同财产进行分割。由此可见，忠诚协议既不能在情感上捍卫爱情，也不能在财产上帮受伤害的一方获得补偿。

当然，现实生活中忠诚协议的内容并不仅仅局限于财产关系一项，往往还包括人身关系，具有惩罚、威胁和意气用事的性质。因而，在司法实践中，忠诚协议的效力认定也较为复杂，不能一概而论。

忠诚协议不能随心所欲，涉及人身关系的内容不具有法律效力

（一）关于婚姻关系终止的协议条款。例如：有的忠诚协议约定，夫妻一方违背忠诚义务，就必须离婚，终止婚姻关系。这样的约定因为违反《民法典》中结婚自由、离婚自由的强制性规定，显然无效。

（二）关于子女抚养权归属的协议条款。例如：有的忠诚协议约定，违背忠诚义务一方丧失对子女的抚养权，子女归另一方所有。这样的约定因违反法律强制性规定而不具有法律效力。因为子女抚养权的归属应当由法院本着有利于子女,特别是未成年子女的健康成长为原则来判定。

(三)关于探望权丧失的协议条款。有的忠诚协议约定,违背忠诚义务的一方将丧失对子女的探望权,"一辈子不能见孩子"。这样的约定不仅过于绝情,也不符合法律规定。因为《民法典》明确规定了探望权是法定的权利,任何人不得以任何方式剥夺,该约定显然违反了法律的强制性规定。

综上所述,婚姻忠诚协议中有关人身关系的约定不具有法律效力,因为身份权是法定的权利,需要法律予以确认和解除,不允许任何人以任何方式剥夺,而夫妻忠诚协议以意思自治的手段随意剥夺法定的身份权与人身关系,因违反法律的强制性规定而不具有法律效力。

法院对忠诚协议中具有财产惩罚的内容持保守态度

夫妻在忠诚协议中,往往会约定违反忠诚义务的一方应当向另一方支付巨额经济赔偿。对此,司法实践中一般认定其具有法律效力。对于重婚、有配偶者与他人同居、家庭暴力等过错情节,法院会从无过错方的受害程度、双方经济状况等方面,对夫妻忠诚协议中的违约金酌情予以增加或减少至合理程度。离婚财产处理中诸如约定巨额出轨赔偿、净身出户等,法院也会据情判决。此时夫妻忠诚协议中的违约金和赔偿金,在性质上趋同于《民法典》第 1091 条规定的无过错方离婚时请求的损害赔偿。

总而言之，现阶段法院对夫妻忠诚协议的法律效力认定，还是根据协议的内容做具体分析，因此，夫妻双方拟定忠诚协议的过程中，应当合理设计条款，在一方以忠诚协议为基础要求过错一方承担责任时，应当在充分把握协议内容的基础上，形成合理的诉讼途径，才有望在对簿公堂时获得协议中约定的权益保障。

如何约定夫妻忠诚协议的条款才更妥当

首先，夫妻忠诚协议中应避免出现"不得离婚、必须离婚、放弃对未成年子女的监护权、丧失对未成年子女的探视权"等涉及特定人身关系的条款，否则约定将会因违反法律强制性规定而无效。

其次，夫妻忠诚协议中的赔偿条款要符合对方的经济能力，并不是"多多益善"。很多人认为，约定的违约金或赔偿金数额越高越有威慑作用，对方越不敢出轨，既使出轨了自己在经济上也得到足够的补偿了。其实，法院在判决时会从立法精神出发，考虑当事人的经济能力，不会任由一方任性。如果忠诚协议约定的数额明显偏高，法院往往会酌情减少，以保障另一方的正常生活，实现社会和谐。

最后，仅凭忠诚协议本身并不能获得法律保证，起诉时还要能提供一方违反夫妻忠诚协议的确实证据。在有充分证据支撑的基础上，诉求才会获得法律支持。因为法院判决向来以事实为依据,以法律为准绳。

再特别说明一点,夫妻忠诚协议不同于《民法典》意义上的合同,一般都要以向法院提起离婚诉讼为前提,法院在判决中对夫妻忠诚协议表示认可,也是基于准予离婚的前提。如果一方仅依据夫妻忠诚协议以对方违反忠诚协议为由起诉,要求支付违约金或赔偿损失,人民法院不予受理。

假如你对爱人的人品不放心,还是建议你采取夫妻财产约定协议的方式来保障自己权利,这更简便易行。

37. "假离婚"太容易成真,别再自欺欺人

"假离婚"的兴起大概是始于拆迁政策,为了投机钻政策空子,谋取利益最大化。后来又有了其他的原因,比如,为了落户、孩子上学等等。反正是为了各种各样不太光明正大的私人目的,夫妻二人商量好"假离婚",待到事情办成,再复婚。

借助"假离婚",有些人确实捞到了预期的好处,目的达成,但也产生了诸多不如意的"副产品",最具有杀伤力的就是弄假成真——一方不愿意复婚了。

李维在某部委有一份很好的工作。在别人眼里,这几年他是春风得意,仕途顺利,家庭和美。可是,在他心里,一直有一条暗流在呜咽。

这和初恋女友有关。

大四那年,他和女友一起租房,为了同一个考研的梦想。可

是，因为一个在省组织部工作的亲戚，李维的计划被打乱了，他服从家人的安排，进了省城某区法院工作。

毕业后女友独自赴京考研，因为距离，两人总是争吵，两人的关系就这样不了了之了。

这几年，因为工作能力突出，李维一路高升，被调到最高人民法院工作。无意中，李维从同学那里得知了初恋女友的消息，她因为感情受挫，一蹶不振，没有结婚，漂泊不定。

自从得知这一消息后，李维就活在忏悔与自责中，并想方设法联系到初恋女友。本来只是打算叙叙旧，尽其所能提供些帮助，谁知四十多岁的年龄，情感特别容易出岔子，旧情复燃，一发不可收拾。

渐渐地，事态的发展失去了控制。初恋女友怀孕了，李维决定离婚。可是，怎么离呢？妻子那么贤惠，他实在找不到离婚的理由，于是动了"假离婚"的心思。

他以送孩子到国外读书为切入点，告诉妻子，想送女儿到英国读高中，可是孩子太小，需要陪读，而因为他是核心机要人员，妻子必须和他"假离婚"才能和女儿一起去英国。

其实，妻子的本意是宁可不送孩子去国外，也不愿与李维"假离婚"。可是，妻子对他唯命是从惯了，就忍痛答应了。

一转眼三年过去了，这三年，李维的前妻过着表面光鲜内里凄惨的日子。在英国举目无亲，语言无法沟通，没有丈夫的陪伴，也没有亲人的安慰。再加上不适应伦敦的低气压天气，她得了抑郁症，为了孩子，硬是挺过来了。终于，孩子考上了理想的大学，她可以回国和丈夫复婚，和亲人团聚了。

可是，当她回国后才发现，丈夫已经和他的初恋女友结婚了，还有了一个三岁半的儿子。记住，是三岁半！这就意味着，在出国前，丈夫已经和初恋女友有染！

她用手狠狠地抽打自己的脸颊，生不如死，她觉得像她这么傻的女人活着是耻辱，她傻在哪里呢？当初离婚时，因为觉得是假的，是走个过场，所以把所有财产都给了丈夫。她现在一无所有，没有工作，没有丈夫，孩子也独立了，她觉得自己完全被世界抛弃了。

我有很多当事人，但能记住的不多，这个女人，我一直记得，我十分同情她。也是因为这份记挂，所以我才设置了本节的内容，好好为大家说说"假离婚"。

"假离婚"是假的吗

实际上，"假离婚"只是个民间概念，在法律上是没有"假离婚"一说的。只要你们领了离婚证，就是真的离婚了（婚姻关系得以解除），不再是合法的夫妻关系，不再有夫妻之间的权利义务关系，双方均取得再婚的权利。因为婚姻的登记行为具有公示效力，无论其离婚登记是否属于自愿和是否具有离婚的真实意愿，其离婚行为都属有效。

一方有欺诈行为的"假离婚",另一方可以申请撤销吗

"假离婚"有两种方式:

第一种,通谋离婚,即婚姻当事人双方为了共同的或各自的目的,串通暂时离婚,等目的达到后再复婚的离婚行为。

第二种,欺诈离婚,即一方当事人为了达到离婚的真正目的,采取欺诈手段向对方许诺先离婚再复婚,以骗取对方同意暂时离婚的行为。

显然,李维就使用了第二种方式。那么这种情况下,李维的前妻可以以此为由向法院申请撤销吗?

《民法典》第1076条规定:"男女双方自愿离婚的应当订立书面离婚协议并亲自到婚姻登记机关申请离婚登记。离婚协议应当载明双方自愿离婚的意思表示和对子女抚养、财产及债务处理等事项协商一致的意见";第1077条规定:"自婚姻登记机关收到离婚登记申请之日起三十日内,任何一方不愿意离婚的,可以向婚姻登记机关撤回离婚登记申请。前款规定期限届满后三十日内,双方应当亲自到婚姻登记机关申请发给离婚证;未申请的,视为撤回离婚登记申请";第1078条规定:"婚姻登记机关查明双方确实是自愿离婚,并已经对子女抚养、财产以及债务处理等事项协商一致的,予以登记,发给离婚证。"

《婚姻登记条例》第十一条规定:"办理离婚登记的内地居民应当出具下列证件和证明材料:(一)本人的户口簿、身份证;(二)本人的结婚证;(三)双方当事人共同签署的离婚协议书等

等。"以及第十三条规定:"婚姻登记机关应当对离婚登记当事人出具的证件、证明材料进行审查并询问相关情况。对当事人确属自愿离婚,并已对子女抚养、财产、债务等问题达成一致处理意见的,应当当场予以登记,发给离婚证。"

据此,我们认为"自愿"才是离婚生效的要件,只要双方自愿同意结婚或离婚,依照法定程序办理了婚姻登记即有效,而不问婚姻背后的真实意图。此外,《民法典》及相关行政法规只规定了婚姻无效的四种情形和因胁迫结婚的可撤销情形,并没有赋予当事人通过民事诉讼的方式,确认虚假结婚或者离婚效力的权利。

通过以上相关法律规定,我们可以了解到其背后的立法动机:最大限度地捍卫婚姻自由,不再干预当事人离婚的内在动机。因此,当事人出尔反尔,企图以虚假离婚为理由,请求民政部门或法院撤销其离婚登记是不会获得支持的。

如何防范"假离婚"事件中的人财两空

中国有句俗话,叫"先小人后君子",这句话用来处理"假离婚"特别妥帖。在"假离婚"时,一定要当真离婚办,就财产和孩子的抚养权,做好自己能心理平衡的协议。总而言之一句话:往最好处梦想,做最坏的打算。

第六章
孩子抚养：离婚后，双方是合作关系，且经营方向单一

导读

在孩子抚养权的争夺大战中，
中国式离婚的偏执与痴愚表现得淋漓尽致，
离婚双方错误地认为，
谁获得了孩子的抚养权，谁就掌握了离婚的主动权，
一可以得金（以孩子为借口要抚养费，多分财产），
二可以随心（我想让你探望孩子就让你探望，不让你探望你干着急）。
还有的女性获得孩子的抚养权后，
和前夫形同陌路。

这些都是不理智的行为，
正确的态度是：即使你们离婚了，
依然是盟友——抚养孩子的盟友。

38. 争抢孩子最不理性

孩子抚养权的归属问题，也是离婚的焦点，在我们代理的离婚案件当中，60%左右的案件存在争夺孩子抚养权的问题。无论是明星家庭，还是平民百姓，走到离婚的十字路口，往往会上演争抢孩子的虐心剧情。

因为一张老照片，那是多年前和情人一起旅行的照片，丈夫要和她离婚。

其实，多少年过去了，当年的情爱早已不再了，丈夫还是拿出来说事，应该是他心里另有打算了吧。所以，这张照片，只是一个借口。

离就离吧，没什么可纠结的，她倒也看得开。

可是，她怎么也没想到，丈夫竟然拿女儿来"惩罚"她。

丈夫找种种借口，不让她得到女儿的抚养权，并且扬言不让她见女儿，还当着女儿的面，添油加醋地说她年轻时作风有问题，还威胁女儿"假如你跟你妈妈，那以后就……"

因为财产分割和孩子抚养权的问题均争议较大，他们的离婚闹腾了两年。直到女儿得了一种奇怪的病——突然腹痛、拉肚子，但各种医学检查又没有异常指标。毫无疑问，这是精神紧张导致的身体异常。

最后她还是放手了，为了孩子。

本来，孩子生在父母不和的家庭里，已经很不幸了，倘若再因为父母之间的离婚拉锯战而受到伤害，那就更不幸了。可是很多父母根本意识不到自己的问题，口口声声说"为了孩子"，其实，许多"为了孩子"的背后，都是赤裸裸的为了自己，为了自己的自私、泄愤、报复等等不光明的想法。这样的成年人，对"父母"两个字是一种亵渎。

所以，奉劝为人父母的你，无论在婚姻中遭遇了什么，无论对方有多不堪，无论你的婚姻走到了哪一步，请务必保护好孩子的身心健康。最应该做的，就是放弃种种争夺孩子的言行。

人们为什么那么害怕失去孩子的抚养权呢？因为他们认为失去孩子的抚养权等同于失去了孩子，其实不是这样。

争不到抚养权，并不等于失去了孩子

离婚双方之所以会争夺孩子的抚养权，某种程度上是因为对抚养权法律规定的无知。要知道，即使得不到抚养权，并不等于失去了孩子，你还是孩子的父亲或母亲，这一身份权永世不变。而且，你对孩子有探视的权利，抚养的义务。当你老了，孩子对你有赡养的义务。所以，即使得不到抚养权，孩子还是你的。

抚养权是可以变更的

有的人争夺孩子的抚养权，是担心孩子跟着对方会受苦受罪。其实不用担心，因为孩子的抚养权是可以变更的。若是在今后的生活中，发现孩子跟着对方受苦受罪，并不利于孩子成长，或者孩子有明确的意愿想跟着你生活，遇到这种情况时，无论是通过

协议离婚的还是通过诉讼离婚的，都可以再一次变更孩子的抚养权，并且这是没有时间限制的，也就是说无论离婚后多久都可以为孩子变更抚养权。如果双方想自己商量进行协议变更的话，那么双方进行商量变更抚养权后，需签订一份协议。如果另一方不同意变更，但确实不能给孩子创造有利于身心健康的生活环境，那要求变更的一方就可以收集相应的证据，向法院提出诉讼，由法官来进行判决。

《关于人民法院审理离婚案件处理子女抚养问题的若干具体意见》第十六条规定，一方要求变更子女抚养关系有下列情形之一的，应予支持：

（一）与子女共同生活的一方，因患严重疾病或因伤残无力继续抚养子女的。

一方患病或者伤残，必然影响对孩子的教育和照顾，从孩子成长的角度出发，不是"如何变更抚养权"的问题，而是必须要变更孩子的抚养权。

（二）与子女一同生活的一方不尽抚养义务或有虐待子女行为，或其与子女共同生活对子女身心健康确有不利影响的。

这一规定主要针对现实生活中，一些人争夺抚养权不是出于对孩子的爱，帮助孩子成长，而是为了满足私欲，想要以孩子为筹码多分财产，或者在情感上报复对方。若出于这些私心，无论他的目的是否达到，孩子随其生活都不会得到很好的照顾和培育。在这种情况下，关心孩子成长的另一方，可以要求变更孩子的抚养权，但是，不能要求重新分割原有的共同财产。

（三）十周岁以上未成年子女，愿随另一方生活，该方又有抚养能力的。

十周岁以上的未成年人属于限制民事行为能力人，可以从事与其年龄相关的民事活动。父母离婚时，对于十周岁以上的子女的抚养权归属，应当听取孩子的意见。而在离婚时不满十周岁的，过了几年，超过十周岁后，如果孩子明确表示愿意跟随另一方生活，就可以申请变更离婚孩子抚养权。

（四）有其他正当理由需要变更的。

社会现实复杂多变，为了应变，法律会规定一些兜底条款，对于那些制定司法解释时考虑不到的情况，司法解释赋予了法官一定的自由裁量权，在这里，法官可以根据自己对客观情况的主观认识，来判断是否应该变更离婚孩子抚养权。

根据以上规定，只要具有上述任意一个条件，即可向人民法院申请变更抚养权。

39. 经济弱势的女性想获得抚养权，需要哪些有力证据的支持

据统计，离婚后男性再婚的比例明显高于女性。故而，一般情况下，女性在离婚时都特别想获得孩子的抚养权，一是因为孩子会给自己带来心灵抚慰；二是相对于男性来说，女性内心更加

细腻柔软，自己身上掉下的肉，总是舍不得让给后来者。

可是对于经济条件相对较弱的女性，获得抚养权的难度会加大一些，但只要用好了方法和技巧，还是可以如愿以偿的。

有这样一位年轻妈妈，她当了几年的全职太太，丈夫是公司高管，离婚时，在经济条件上她不占优势，又没有工作。虽然孩子长期以来随姥姥姥爷生活，但姥姥姥爷的关系并不和睦。从种种条件来看，她获得抚养权的希望非常渺茫。她听从了我们的几点建议，就轻松获得了抚养权。

第一，找一份稳定的、有利于抚养孩子的工作。她虽是全职太太，但学历不错，性情又好，很快便在一家高档幼儿园找到了一份幼教的工作。

第二，让父母写了份保证书，保证不再争吵，放弃一切不良习惯，一心帮她带孩子。

第三，孩子的父亲虽然经济条件好，但总是出差，一年三百六十五天，有三百天左右出差在外。她找出了这方面的证人和证据。

所以，作为女方，在争夺抚养权时，即便你表面的条件看起来并不好，若是采取适当的攻略，也是有文章可做的。

首先，你要了解在哪些情况下孩子判给女方的可能性比较大；其次，在某些情形下，可以要求把两周岁以上未成年的子女判给自己；最后，通过搜集证据支持自己获得抚养权。

孩子判归女方的可能性比较大的情形

（一）哺乳期的孩子以随哺乳的母亲抚养为原则。这是法律规定抚养权归属的最基本原则，一定要用好。

（二）两周岁以内的子女一般随母亲生活。这主要考虑到孩子尚处在幼儿期，需要母亲的哺乳与照顾。

（三）孩子虽然两周岁以上了，女方已做绝育手术，男方未做，且男方年龄与女方年龄差距不是很大，孩子判归女方的可能性较大。

（四）孩子一直随母亲生活，如果离婚后改为随父亲生活对其生活习惯改变较大且影响其成长的，孩子判归女方可能性较大。

（五）男女双方的抚养条件，在工作稳定程度、收入情况差距不大的前提下，如果男方对于夫妻感情破裂有过错，比如，有证据证明有婚外情等，孩子判归女方的可能性较大。

（六）男方有不良嗜好，如赌博、酗酒等恶习，考虑到这些不良嗜好对孩子的成长会有影响，法院一般会将孩子判归女方。

（七）男女双方均无明显过错，各方面条件相差不大，如果女方的品德更好一些，照顾孩子的时间较多一些，得到孩子抚养权的可能性就会更大。

（八）十周岁以上的孩子愿意随母亲生活的。

女方要求两周岁以上的孩子判给自己的情形

对两周岁以上的未成年子女，有下列情形之一的，女方可以要求判给自己：

（一）已做绝育手术或因其他原因丧失生育能力的；

（二）子女随其生活时间较长，改变生活环境对子女健康成长明显不利的；

（三）无其他子女，而男方有其他子女的；

（四）子女随其生活，对子女成长有利。男方患有久治不愈的传染性疾病或其他严重疾病，或者有其他不利于子女身心健康的情形，不宜与子女共同生活的。

女方可以寻找哪些有力证据支持自己获得抚养权

为了得到孩子的抚养权，女方可以寻找以下证据：

（一）双方基本条件

即夫妻双方的基本条件，如经济条件、工作性质、教育程度等。

（二）思想品德条件

这一点经常被大家忽视，在争夺孩子抚养权时，大部分人会优先关注自己的经济条件，觉得经济能力是"王炸"，其实思想品德条件也很重要，因为直接抚养方的思想品德，会直接影响下一代的健康成长。因此，取得这一方面的证据，也比较有利。即使经济条件不好，如果你的思想品德过硬，而对方存在严重问题，法院也会做出对你有利的判决。

（三）双方父母的基本条件

考虑到社会现实，现在无论城市还是农村，大多数家庭都是由老人带孩子,因此,双方父母的身体情况和教育水平,往往也是影响孩子抚养权的一个重要方面。你父母的身体状况、知识水平、道德修养等对你争取抚养权也很重要,要多做这方面的取证工作。

(四)孩子生活环境方面的取证

离婚案件中孩子抚养问题的最高原则,是有利于孩子的健康成长。如果双方离婚,但有一方距离学校较近,或居住的小区更加成熟,对孩子受教育、生活更为有利,获得孩子抚养权的可能性就会更大。

(五)做好孩子的思想工作

假如你的孩子年龄已经在十周岁以上,法院在处理抚养权时,会非常尊重孩子的意见。因此,在离婚前或离婚过程中,要做好孩子的思想工作。

40. 当你和子女受到威胁时,人身安全保护令比躲避更有用

在离婚过程中或离婚后,当事人,特别是女性当事人,经常会遇到这种困扰,被对方以各种方式骚扰,比如,谩骂、跟踪、威胁等等。很多人因此而不敢离婚,也有些女性采取躲避措施,比如,躲到亲戚朋友家。

这都不是很好的应对举措,在法治日趋健全的今天,完全不必这么被动懦弱,可以勇敢地拿起法律武器捍卫自己的人身权益,

比如，申请人身安全保护令，这比躲到亲戚朋友家安全。

什么是人身安全保护令

在 2019 年 5 月通过的《中华人民共和国反家庭暴力法》中，人身安全保护令首次出现，该法律规定"当夫妻一方遭受到家暴时可申请人身安全保护令"。

所谓人身安全保护令，是一种民事强制措施，是人民法院为了保护家庭暴力受害人及其子女和特定亲属的人身安全、确保婚姻案件诉讼程序的正常进行而作出的民事裁定。

在形形色色的离婚案中，家庭暴力已成为女性主动提出离婚的重要原因。当事人好不容易鼓起勇气到法院起诉离婚后，又常常会受到施害人的报复。而有了可申请人身安全保护令的权利，当事人有了依法维护自身人权不受侵害的"护身符"，也给了她们勇敢选择离婚的"加速器"。她们再也不用因为害怕男人的淫威而战战兢兢、忍气吞声了。

人身安全保护令的作用

人身安全保护令绝不是形式主义。当《人身安全保护令裁定书》送达被申请人时即生效，表明受害人从此就是人民法院依法明确保护的对象，这种保护是以法制强制力为后盾的"特别保护"。被申请人若"旧病复发"，法院既可依法处以经济上的罚款，又可采用司法拘留，甚至可以追究刑事责任。因此，对被申请人而言，它是一道让人不敢越雷池半步的"紧箍咒"。

人身安全保护令被"官宣"后,很多当事人通过申请人身安全保护令的方式有效地保护了自己。

任女士是一位中学女教师。她的丈夫王先生开着一家鞋店。二人于1992年结婚,婚后育有一儿一女,都已经上了大学。

可是,在他们的婚姻家庭关系里,王先生一直暗藏着自卑感,因为妻子有气质,又有正式工作,而他只是个做小买卖的,前几年生意好时还好一些,这几年生意一天不如一天,他的自卑感更强烈了。自卑感引发了危机感,王先生总怀疑妻子在学校和别的老师、领导"有一腿",他无理取闹,甚至对妻子大打出手。

2019年5月26日,任女士以丈夫长期对其实施家庭暴力为由,诉至县人民法院要求离婚。立案后,法院于7月19日调解未果,现在案件正在审理中。

可是,提出离婚后,任女士的生活更糟糕了,王先生对她采取了疯狂的、全方位的一系列报复行为:

他跟踪任女士,不顾门卫阻拦强行闯入任女士工作的学校,任女士吓得报警求助。警方赶到后,控制了王先生,对其进行训诫、警告后,强行驱离。

给任女士及其父母和姐姐打骚扰电话,并发送恐吓信息。

指使多人,以买房看房的名义,深更半夜拍打任女士住处的房门,惊吓、骚扰任女士。

自任女士提出离婚后,王先生捏造事实,多次到县纪检委、县教育局，诬告她。

王先生长期实施家暴的行为，引起了子女的反感，子女支持任女士离婚，这令王先生恼羞成怒，成天与子女对骂"约架"。

万般无奈下，任女士只好在提出离婚的同时申请人身安全保护令。

法院经审查认为，申请人任女士申请人身安全保护令，有短信截屏、通话记录截屏、申请调取的公安机关出警记录等证据材料，符合裁定人身安全保护令的法定条件。遂依照《中华人民共和国反家暴法》第二十六条、第三十条规定，作出以下裁定：

（一）禁止被申请人王某某进入申请人任某某的住宅；

（二）禁止被申请人王某某进入申请人任某某的工作单位干扰申请人的正常工作；

（三）禁止被申请人王某某骚扰、跟踪、接触申请人任某某及其相关近亲属。

该人身安全保护令下达以来，对被申请人王先生起到非常好的法律威慑作用，保证了申请人及其近亲属工作、学习和生活的正常进行，申请人的人身安全得到了保障。

可见，对于存在家庭暴力的家庭，无论是和还是离，人身安全保护令的申请都大有裨益。对于想离婚的家庭，它是确保案件顺利审执的法宝。不仅可以威慑被申请人在诉讼中尊重申请人的人身权利，防止暴力下的不测事件发生，也可将事后惩罚施暴者转变为事先保护受害人，从而开辟了国家公权力介入家庭暴力防治的新途径。对于不想离婚的家庭，人身安全保护令不仅达到了预防家庭暴力再次发生的效果，还因有效制止家庭暴力而使其中一些当事人的婚姻关系得以维持，促进了家庭和睦、社会和谐。

对于这样一项新举措，我们要学好、用好。

41. 如何应对探视权的变相被剥夺——我见过的最可怜的离婚女人

那天，照例去喝茶。

茶馆新来了个小姑娘，看见她第一眼，我就怀疑老板的审美是不是出现了问题。姑娘面色暗淡，眼神无光，气场低落。一点都不符合茶馆的一贯气质。

再去时刚好老板在，她问我："你知道小琪（新来小姑娘）的事情吗？"

我摇摇头。

"离婚了，没有争取到抚养权，挺可怜的。"老板低声说。

人都有同情弱者的心理，从那以后，我开始格外关照起小琪来，轻柔地与她讲话，时常给她带些好吃的。不知不觉间，我们熟络起来。小琪告诉我，她十分喜爱自己老家的一种水果；她擅长苏绣；她以前在秀水街开了一家服装店，专卖苏绣服饰，图样都是她自己设计的……但唯独没有说她的婚史。她不说，我便装作不知道。

一天，小琪的脚受伤了，在店里走路一瘸一拐的，影响了工作,被老板训斥了。虽然小琪用力掩饰,我还是看见她哭了,很委屈的样子。我故意多消磨了一下时间,等到小琪下班,同她一起下楼。

一进电梯,小琪就失声痛哭。出了写字楼的大门,我扶她坐在玉兰树下的长椅上,小琪向我诉说了她的不幸遭遇:

"上周日,我总算有了一天的休息时间。我和孩子她爸约好去看望女儿,他总算答应了,我太高兴了,走得太急,换地铁时在台阶上踩空了,脚骨摔裂了。脚疼我能忍,我能受,可是我受不了女儿对我的误解,女儿打电话哭着对我说,妈妈不喜欢我了,是别人的妈妈了。可是我离婚四年了,没有再婚,这都是孩子爸爸编谎言来骗女儿,让女儿忘了我。"

"这在我看来很简单,过几天等脚伤好了,再去给孩子解释不就可以了吗?"我说。

可是小琪哭得更厉害了,她说:"你不知道,我前夫和婆婆不让我看孩子,说我总看孩子惹得她总想念我,对孩子的成长和学习不利,还劝我若真为了孩子好,就想办法让她忘了我。我在城里上班,休息时间本来就少,路也远,每次我提出去看孩子的想法,前夫都以各种借口推托,要么是孩子参加辅导班,要么是孩子参加集体活动,要么就是他们全家出游了,等等。半年都约不上一次。这次变本加厉,他说以后不让我见孩子了,想见,就去法院告他。"

这么一听,好像小琪很理亏的样子,离婚了,连孩子都见不到,莫非她是遭人恨的坏女人、坏妈妈?谁知小琪告诉我,离婚的原因是前夫出轨,找了个北京姑娘。他们是协议离婚的,小琪没争取到孩子的抚养权,索性也没要经济赔偿,想着财产都给女儿留着。

看着小琪哭泣的样子,我总结了她的遭遇:"前夫出轨,你净身出户,连孩子都不让你看,对吧?"

小琪使劲地点了点头,又补充了一句:"我每月还给孩子一千元抚养费。"

看着她伤心的样子,我不知道该说些什么了。见过离婚的,真没见过这么悲剧的,怪不得她满脸"旧社会"呢。

作为律师,纵观小琪离婚后的麻烦,我向她强调了两点:

第一,前夫出轨,她可以依法请求损害赔偿,尽管赔不多,但权利不可放弃,她得主张,那是一种态度。你自己都不保护自己的合法权益,难怪被前夫欺负到没底线。

第二,离婚后,她依法享有对孩子的探望权,既可以探望性探视,又可以逗留性探视。这是法律赋予一个母亲应有的权利。

关于探望权,《民法典》第1086条明确规定:离婚后,不直接抚养子女的父或母,有探望子女的权利,另一方有协助的义务。

这一法定权益,任何人不得阻挠。

如何避免和解决探望权的变相被剥夺问题

探望权的执行,在现实中遇到麻烦的还真不少,尤其是孩子随父亲方生活时,母亲方由于力量和性别上的弱势,在行使权益时很容易遭受阻挠,为了保证探望权的顺利实施,我们提出以下法律建议:

(一)在离婚协议中写得越明确具体越好。

在离婚协议中,探望权往往不被当事人所重视,只是在离婚协议中简单写上孩子归某方抚养,而对探视的时间、地点、方式不做具体说明,这常常会导致当事人之间因为探视问题纠纷不断,最后对簿公堂,增加诉讼成本。一份周全的离婚协议,对于探望权可以这样书写:

双方婚生女/子(×年×月×日出生)随男方生活,女方每月支付抚养费×元,直到其独立生活为止。女方每月享有两次探望权,在每个月的单周周五,根据子女的意愿,在协议的地点探视子女。遇有特殊情况,探视时间、方式由双方约定。

双方也可以约定由另一方周五将孩子接走,周六或周日送回,不妨再具体明确一下接送的具体地点和方式。等孩子十周岁以上了,具体探视的时间及方式,还可以听取孩子的意见,以孩子的真实意愿为转移。

(二)探视孩子不要太情绪化。

有些性格不成熟的女性,在和孩子相处过程中,不说父亲的好话,给孩子灌输不好的思想,每次探视完孩子后,孩子情绪上都有较大反差。这样的情况容易让父亲产生不好的印象,不喜欢你继续探视孩子。所以,提醒广大女同胞一定要目的单纯,和孩子好好相处,不做非分之想。

(三)如果男方不予配合,以各种借口推托女方探视孩子,女方可依法采取起诉的方式来保障自己的权益。

此前最高人民法院在2001年12月27日起施行的《关于适用〈中华人民共和国婚姻法〉若干问题的解释(一)》第二十四条提供了法律救济的途径:"当事人就探望权问题单独提起诉讼的,人民法院应予受理。"

补充一点,《民法典》第1086条还规定了"探望权中止"制度,就是在某些特殊的情况下,抚养子女一方可以申请人民法院依法中止另一方的探望权。如严重危及子女的健康安全等,抚养子女一方可以向人民法院提出申请,由人民法院根据实际情况判决是否中止探望权。但是,当这些不利因素消失之后,应当恢复探望权。

总之,孩子的成长离不开父母双方的照顾,为孩子创造一个好的成长环境是父母应该尽的义务,所以夫妻双方要珍惜婚姻。

42. 如何应对那些孩子抚养问题上的"老赖"

大学时,班上共有九个女生,婚姻幸福的,真没几个。

最窝囊的,就是王彦。

王彦在西安某知名高校做管理工作。可是,当我在学校分配给她的不足四十平方米的旧楼房里,听她讲述她的离婚故事时,我无论如何也无法把她的工作、学识和生活联系到一起。

她那么优秀，从小学到研究生都是学霸加校花，又有着体面的工作。这么优秀的她，和当下的生活，极不匹配！

王彦的前夫和她是一个学校的老师。因为原生家庭不好，前夫性格怪异，和女学生谈恋爱，被王彦发现了，于是两人麻利儿地协议离婚了。

女儿和大房子都归前夫，王彦搬回学校分配的宿舍里，每个月把工资的三分之一给女儿当抚养费。

女儿在校办幼儿园上学。

可是，离婚后，王彦的负担更重了。

前夫根本不管孩子，每次出去娱乐喝酒前，都把孩子送到王彦那里，打个招呼就走了。有一次，王彦也有事情要忙，便拒绝了，前夫吓唬她说："我那帮朋友都是酒色之徒，你就不怕女儿有危险？"这种人真不配做父亲！

王彦每月给女儿的抚养费，前夫一分钱也不给女儿花。每当看到女儿穿着旧衣服、背着破书包从校车上下来，王彦就心如刀割，只能从自己余下的生活费里再拿出钱来给女儿买这买那。

时间一长，反正女儿是跟自己生活，王彦索性就不支付给前夫每月两千元的抚养费了。前夫忙着再婚和离婚，很少过来看孩子，倒是孩子的爷爷奶奶有时候从山西过来看一下孙女。

孩子读中学后，花费越来越大，王彦实在无力承担孩子所有的抚养费用，与前夫协商无果后，只能向法院起诉了前夫，要求变更抚养权，让前夫每月支付两千元的抚养费。

没想到，前夫连同他的父母在法庭上颠倒黑白，竟然说孩子一直是由爷爷奶奶在照看。由于王彦没有提交什么证据，法院最后采信了前夫方的说法，驳回了她的诉讼请求。之后，更令人发指的是，前夫为了报复她，竟然又去法院提起了抚养费诉讼，要求她支付离婚后这些年"空缺"的抚养费。

王彦气得大病了一场，觉得这个世界坏透了，连法律也这么偏听偏信。

因为王彦不懂法，人又憨厚实在，落得这般境地，也是必然。无论多么亲近的人际关系，一旦转变为法律关系，请你记住一点：只剩证据。在法庭上永远是讲证据的，因此，在任何时候都不能因为你好心、你有理、你单纯，就轻视证据的作用。这一点，通过王彦的遭遇大家应该能深深地体会到。

王彦的遭遇怎样破局

王彦经历的是两桩诉讼：第一桩，王彦是原告，她起诉前夫要求变更孩子的抚养权；第二桩，王彦是被告，第一桩诉讼失败后，被前夫起诉要求支付"空缺"的抚养费。由于王彦没有充分重视，没有准备好充足的证据就匆忙开始第一桩变更抚养权的诉讼，才造成了如此被动的局面。那该如何应对这种被动的局面呢？

首先，积极应诉关于抚养费的案件。前夫之所以可以起诉王彦，是有法律依据的：一是离婚协议约定了抚养权归他，王彦每月需支付两千元抚养费；二是通过前一场诉讼，法院采信了是王彦前夫的父母一直在照看孩子的证言。因此,在这场诉讼中,王彦应积极应诉,准备关于孩子是与她一起生活,并不是由前夫父母照看的相关证据。只有充分证明了是她在抚养孩子的事实,才可以成为对抗前夫要求给付抚养费的抗辩理由。

那么,哪些证据可以证明是由王彦在抚养孩子呢?诸如以下:和孩子一起的日常或旅游的照片、孩子上幼儿园期间的相关资料(可以包括幼儿园手册、孩子的作业、幼儿园老师的评语等)、幼儿园老师关于孩子日常接送及沟通交流的证人证言、孩子生活花费的一系列票据、带孩子去看病的相关病历以及与孩子要好伙伴父母的证人证言等。上述这些证据的证明目的只有一个,就是在法庭上还原孩子由王彦直接抚养的事实。值得强调的是,这一次抚养费诉讼对王彦意义重大。如果能成功抗辩的话,将对接下来她再次提起变更抚养权的诉讼起到至关重要的作用。

其次,可以再次提起变更抚养权的诉讼。变更抚养权的诉讼,并不受法院"一事不再理"的限制。只要有新的事实或是理由,完全可以再次或是多次提起变更抚养权之诉。

根据王彦家的情况,前夫虽然拥有孩子的抚养权,却不尽抚养义务,同时他种种不诚信的言行举止,有可能对孩子的身心造成不利的影响。这符合法律规定变更抚养权的第二种情况:与子女共同生活的一方不尽抚养义务或有虐待子女行为,或其与子女共同生活对子女身心健康有不利影响的。

所以,王彦可以根据该条法律再次起诉前夫要求变更抚养权。在新提起的变更抚养权诉讼中,除了在上述抚养费诉讼中王彦提交过和孩子共同生活的相关证据外,她还需要准备自己更适合抚养孩子以及对方不适合抚养孩子的证据,以便进一步支持她变更抚养权的诉讼请求。对此,王彦还需准备以下证据:

工作及收入的证明,以证明自己有稳定的工作收入,可以承担孩子的费用花销;

学历证明,证明自己有能力抚导教育孩子;

对方脾气暴躁及对孩子不耐心的证据,可以是报警记录、伤情记录或是证人证言等。

除此之外,还可以准备一段孩子的视频,在视频里可以通过与妈妈对话的方式来体现这些年孩子的生活状态,以及孩子是否继续愿意跟随妈妈一起生活的意愿表示。

真诚地祝福那些内心单纯却深陷离婚诉讼泥沼的"王彦"们,能早日走出诉讼的阴影,重遇生活的阳光。同时,也请您为了孩子,坚强理性地面对所发生的一切。

43. 离婚后,抚养孩子的一方可否给孩子改姓

一见面,徐医生就跟我说起她前夫的种种不好,说到动情处竟忍不住流起泪来。

徐医生儿子所在的学校,要在"父亲节"这一天组织一场亲子活动,要求父亲参加。可是自从离婚以后,儿子小小就一直跟着徐医生生活,几乎没怎么见过爸爸,直到现在上了小学。所以,这让徐医生很为难,但是为了孩子也能跟其他同学一样,与爸爸

一起在学校里参加活动,她犹豫再三,还是拨通了前夫的电话。在被前夫一口拒绝后,徐医生再也控制不住自己的心情,像个受了委屈的孩子似的大哭起来。她说她不是为自己流泪,是觉得小小可怜。

现在回想起当初离婚的情景,其实两个人并没有发生什么剧烈的冲突,只是感觉两个人性格不合,谁看谁都别扭,不想再在一起生活了,再加上当时还都年经,也没有多想,便协议离婚了。因为儿子还小,就跟了徐医生,也是因为孩子的缘故,她一直没有再婚。此后不久,前夫又娶妻生子,重组了家庭,离婚似乎并没有给他带来什么影响。徐医生是科室里的业务骨干,天生要强的性格,使她做什么事都有一股不服输的劲头。离婚后,她就把儿子的名字改了,跟着她改姓徐。也正是因为这件事,前夫很气愤,自此拒绝支付孩子的抚养费。

不清楚徐医生对前夫到底有多么厌恶,竟然会用改名字这个办法来断绝儿子与前夫的所有关联,同时,经济上独立又使得她并没有把抚养费当作一回事儿。或许在她看来,要分就干脆分彻底,一丝一毫的关系也不要有,她也相信自己有能力一个人把儿子养大成人。但是,她当初没有想到的是,有些东西是她给不了的,比如,学校亲子活动中父亲的这个角色。不难想象,在给前夫打电话之前她内心的纠结。

徐医生一个劲地问我:"我错了吗?我错了吗?他怎么能这样做?"

好，那我们就看看徐医生和她的前夫究竟有错吗？又分别错在哪里？

徐医生家的问题最突出的矛盾是，获得孩子抚养权的一方给孩子改姓以及由此带来的负面问题。

获得孩子抚养权的一方无权给孩子擅自改姓

根据《民法典》第1015条规定，子女可以随父姓可也以随母姓。正常情况下，子女出生后，子女的姓名是经父母双方协商一致后确定的，所以，子女姓名的变更，也应该由父母双方协商一致。父母离婚的情况下，如果不是双方一致同意的，任何一方不能擅自变更孩子的姓名。否则，户籍办理机构不会办理手续。假如一方强行办理，户籍所要负法律责任，另一方有权控告更名方和户籍办理机构。

根据该条法律规定，徐医生显然错了。

如果非要给孩子改姓，简单来说需要两个步骤：

首先，需要和孩子的生父协商，并需要生父书面同意的证明材料。如果孩子满十周岁，还需要争取孩子的意见，如果孩子已经满十八周岁了，还需要征得孩子的同意；

其次，需要携带户口簿、身份证、孩子的户口簿、离婚证等材料到户籍所在地的派出所办理。户籍办理机构需要双方签字后才能给孩子改姓更名。

因为孩子改姓，另一方拒绝支付抚养费是不对的

就像徐医生的前夫一样，很多父母一发现另一方擅自给孩子改姓，着实很生气，马上断粮，不给抚养费了，这样可以吗？当然不可以，抚养费的支付是保证子女健康成长的需要，不能因为对方擅自改姓就不支付抚养费了。假如心里气不过，可以寻求合法的救济途径。根据最高人民法院《关于变更子女姓氏问题的复函》的有关精神，另一方可向公安机关提出要求恢复其子女原姓名，公安机关应予以恢复。

如果孩子由父姓改为母姓，而父亲不给抚养费的，作为孩子的母亲可以先和孩子的父亲协商，协商不成，可以去法院起诉孩子的父亲要求其支付孩子的抚养费。

子女改姓在实务中产生的纠纷非常多，而且，越是经济条件好、性格强势的女性，孩子改姓的概率越大。因为传统宗亲文化的影响，姓氏问题在我国婚姻家庭内还是个非常敏感的问题，所以奉劝为人父母者不要冲动行事，不要贸然给孩子改姓，以免引发一系列不必要的麻烦。

还有人问了，假如孩子自己要求改姓呢？

这个是可以的，但是要等到成年后。根据《民法典》第110条：自然人享有生命权、身体权、健康权、姓名权、肖像权、名誉权、荣誉权、隐私权、婚姻自主权等权利。姓名一般都是自然人在出生时由其父母来确定的，这是父母亲权的体现。自然人在成年后，可以自行通过姓名变更手续，来更改自己的姓名，行使自己的姓名权。我们办理过类似案例，当事人是一个女孩，因为生父重男轻女，和其母亲离婚，其母亲离婚后带着她改嫁。继父待她特别好，她特别感动，等到大学毕业后，就自己改姓继父的姓了。这样的改姓就顺理成章了。

44. 单亲家庭不是问题，单身的家长心态不好才是问题

在所有见过和听说过的单亲家庭的孩子中，我的宝贝侄女是心理最健康的。

哥嫂离婚时，一家人都苦恼怎么和她说，我说："直说。"

那一年侄女还很小，和所有无法天天偎依在妈妈怀里的孩子一样，她也哭了几天，后来，我问她："你妈妈在家时你开心吗？"

侄女摇头。

我顺势说："对呀，你爸爸妈妈整天吵架，爸爸天天阴着脸，妈妈赌气整天不在家，回家就睡觉，看见你看电视还打你。爸爸受不了妈妈打你，于是他们就扭打起来。他们都是好人，可是却不适合住在一起，于是就分开了。"

侄女摸了摸她拉架时被摔伤的额头，乖乖地"嗯"了一声。

然后我告诉她："你爸爸妈妈只是分开生活了，他们还是你的爸爸妈妈，他们会更爱你。"我还给她打了心理预防针，告诉她以后在学校里，和小朋友玩耍时，可能会听到有人说"你妈妈不要你了""你是没妈妈的孩子"。万一听到这种话，她可以理直气壮地说："我妈妈还是我妈妈，我爸爸还是我爸爸，他们比以

前更爱我。"

我要求大家庭里所有人都不许说她妈妈的坏话,越是离婚,越是要维护她的母亲,甚至会帮她买礼物送给妈妈。所以,嫂子搬出后,和侄女相处得更暖了,和我们的关系更暖了。

我们无法保证她每天都在母亲的身边,但我们能保证她时时有人爱有人疼,尽最大可能填补她内心的缺失。这时候,爸爸、奶奶和姑姑全家齐上阵,爸爸会多陪伴她,带她和朋友家的孩子一起玩,奶奶会给她做各种好吃的,姑姑会带表哥、表姐到她家做客,一起玩游戏、做作业。

虽然妈妈不在身边,但侄女的生活一样幸福生动有趣,想见妈妈就能见到妈妈。所以,孩子的身心一直很健康。

单亲家庭里有很多像我侄女一样健康成长的孩子,只是被报道的少,新媒体和大数据时代,人们为了追求流量,喜欢报忧不报喜,制造恐慌来获取点击量。所以,若以孩子的成长计议,单亲根本不是问题,单身家长的心态阴暗才是问题。

很多女性在离婚后,由于受到打击导致心理不健康,而单亲妈妈的心理不健康状态,会对孩子的身心健康造成影响。

不要让病态心理成为孩子成长的绊脚石

在一期亲子真人秀节目中,我看到某知名女明星与儿子的奇异关系。在演技和个人气质上,她是我的偶像;但在亲子关系上,我毫不客气地给了她差评。因为自身的过错，她离婚了，获得了儿子的抚养权。可她自己本身就像个没长大的孩子，现在离婚了，她强迫自己成为"虎妈"。她特别想被男人保护呵护，于是就一门心思地把儿子塑造成一个勇敢的男子汉。在生活中，她严厉地推着儿子朝她想象中男人的方向前进：很man、很勇敢、能担当，凡事都要保护妈妈……在儿子面前，她总是扮演娇柔的小女孩儿角色。她常常哭，因为每次一哭，儿子就紧张地过来安慰她；出去旅行或者遇到力气活时，她想要儿子和她一起分担，儿子说累，她就会说儿子不懂事；一起出门，一旦儿子没有和她形影不离，她就生气，儿子为了照顾她的情绪，只能时时刻刻和她在一起……

这样的亲子关系真的把我惊呆了，我想到了美国心理学家汉姆菲特和米尔，在《爱是一种选择》里描写的那种患上"拖累症"的父母。这种父母不仅不往孩子的"储爱槽"里存储爱，反而源源不断地从中索取，以满足自己精神的脆弱与不安。也就是说，他们和孩子的角色是颠倒的，把孩子当作自己的家长。这种被父母极度依赖的孩子，看上去懂事乖巧，但因为过早地承担了一个孩子不应该承担的责任，他们的"储爱槽"会干枯。长大以后，这样的孩子就失去了爱的能力，因为他们的爱早已透支，心力交瘁。而这样的父母其实就是情感勒索者，有严重的索爱心理，他们索爱的对象本应是妻子或丈夫，离异后却把矛头指向了孩子。

除了索爱心理，还有以下几种严重的病态心理在单亲妈妈身上存在，需要引起大家的特别注意。

受害者心理。觉得自己很可怜，在人前抬不起头来，严重自卑。因为自卑、不自信，所以和人群有隔阂、有距离感。这样会造成孩子不自信、闭塞、有交际障碍。

过于要强。为了掩饰自卑，为自己争口气，不让前夫和别人看自己的笑话，特别要强，什么事情都强迫自己做到最好。这种强迫心理会严重影响孩子，让孩子活在压力之下，不利于身心健康。

亏欠孩子心理。有些女性离婚后，觉得自己亏欠孩子，于是在物质和情感上加倍补偿，只要在自己能力范围内，满足孩子的任何要求，太过溺爱孩子。这会对孩子建立正确的人生观和价值观造成不利影响。

对异性无法建立信任。有些女性离婚后，会陷入偏激的泥沼，认为男人没一个好东西，婚姻没意义。这样的价值观很容易影响孩子，让他们待人不够宽容，对异性无法建立基本的信任，将来会影响他们的婚恋价值观。

仇恨心理。有些女性走不出离婚的阴影，开始仇恨前夫，认为一切都是他的错；继而开始悔恨自己看错了人，一失足成千古恨。在这种怨恨情绪的支配下，她们常常会横加干涉孩子对父亲的情感，无形中向孩子灌输了怨恨情绪，这对孩子的身心健康十分不利，也会影响孩子将来的婚姻和家庭生活。

只要单亲妈妈自己的心理是健康的，那么，所谓的不完整的家庭是不存在的。

如何处理与前夫的关系

现在总结一下,离婚后该和前夫建立怎样的关系?仇人相见分外眼红?请牢记,你们不是陌生人,不是仇人,也不是亲人,而是盟友。既然已经离婚了,恩怨即时终止,此时你们俩的关系从夫妻转化为养育孩子的盟友,既然是盟友,孩子就是双方的最高利益,互相指责根本已毫无意义。

也许你无法一下子成为一个成熟的单亲妈妈,但至少你要把握方向,树立信心,最好的办法就是学着做,边学边干,和孩子一起成长。没有一个人生来就会当妈妈,养育孩子的过程本身就是自我成长的过程,你需要对抗的不是前夫,也不是偏见,你需要对抗的仅仅是那个不愿意长大的自己。

第三部分

亲密关系的重建

人在江湖漂,谁能不挨刀?离婚,就是我们挨过的"软刀子"。

只是,挨刀以后呢?

此时此刻,无论你是独自一人岁月静好,还是悲悲戚戚备受折磨,你的内心仍在不可思议地涌出爱意,生出爱欲,总有那么一个人,惹你重视与迷恋。所以,爱是本能。"山一程,水一程,身向榆关那畔行",去爱吧,像未曾受过伤一样。

只是,这一程,你要重视亲密关系的维护与经营。

第七章
自信心的恢复与安全感重塑

导读

女人谋生又谋爱,但谋取这一切之前,必先建立自信。没有自信的女人,丑陋、乏力、无望。

假如你想毁灭一个女人,只需要摧毁她的自信就够了。而离婚,带给女人的第一个恶果就是自卑。

重塑自信,才能重建人生,才有岁月静好。

45. 拥有转身力，是成人世界里最了不起的优雅

从前看到某人爱情结束后很快又有新欢，总觉得那么容易就转身，压根儿就没有爱过。现在觉得这种人特牛。人分两种，活得起和活不起。转身快的人，在活得起的那拨人当中，处于金字塔尖上。这种人具备一种神奇的生存能力——转身力。

什么是转身力

所谓转身力，是指人们在不如意的感情生活里勇敢转身，尽快去寻找自己幸福的能力和权利。通俗点解释，就是如果不值得爱，立马脚底板抹油抽身就走，一分钟都不恋战。

拥有转身力，说明你在感情中不是任人摆布、逆来顺受的羔羊，而是丢掉男人之后照样可以活得很好的女王！

隐忍并不能帮你留住爱人。与其抱残守缺、忍气吞声，不如转身离开，留下一个优雅的背影。这对自己是保护，对他人是慈悲，对爱情是礼敬。

有转身力的女人，活得优雅硬气

还记得那个叫阚清子的漂亮女生吗？她那么爱纪凌尘，分手后短短两个月，就爆出新恋情。于是很多人纳闷：这么快就开始新恋情，她真的像传说的那样深爱了纪凌尘好多年吗？

她的爱是真的，她的转身也是真的。

阚清子和纪凌尘在一起好多年，她很爱这个小她五岁的男

人，五年里一直在等着男方求婚。但是，纪凌尘却总是推托，借口多多。

有热心的姐姐看不惯了，于是在一起参加的节目里，以过来人的身份告诉她："你渴望的这种爱和安全感，是这个男孩无法给你的，这在于他不够成熟。""听人劝，吃饱饭"，过来人的话想必阚清子是听进去了，也思考过了。所以她好聚好散，特别坦荡地在微博上写道"没出轨、没捉奸、没合约，真分手。谢谢大家关心。"如此决绝，但足够体面。

原以为阚清子在失去这段爱情后，会黯然神伤好久，毕竟那是她深爱过多年的男人。真没想到，她能转身这么快，去寻找自己下一站的精彩。我觉得阚清子值得点赞和祝福，及时转身的她，比委曲求全求爱的她，更有魅力。

离婚期间和离婚后，你最需要的就是转身力

面对离婚，你最需要的就是这样的转身力，只有这种力，才可以真正、快速地给你安全感，令你安定。它能让你从一段不堪的婚姻中尽快脱身，也能让你彻底摆脱离婚的阴影，开始新的人生。

在我身边，也有这样一位独立果敢的神仙姐姐。

她和前夫结婚十年，前夫一直以事业为借口，疏于陪伴，她不离不弃。前夫在事业稍有起色时，突然提出离婚。我们都同情她，认为她爱得太不值得，多年的爱情打了水漂，青春已逝，"渣男"出轨，她两手空空，只剩伤心泪。亲友们纷纷为她打抱不平，

声讨"渣男",她却云淡风轻地说了三个字:"没必要。"那一丝微笑背后的疼痛,爱过的人都懂。

正当大家都为她担心时,她却迅速转身。离婚后的她,没有一蹶不振,健身、开网店、读书……,把自己的日子过得风生水起,时不时在微博上晒出自己的旅行美照,照片中的她,笑容自信明媚。她原谅了"渣男",也升华了自己。

这样的处理方式,才是教科书式的离婚。

转身力的应用不分年龄

转身力是女性一生都离不开的能力,它的使用不分年龄。优质的女性,即使是老了以后,也能运用自如。

前些日子,媒体曝光,林青霞因无法忍受丈夫在外另有新欢,选择离婚。

她结束了二十四年的感情,拿到了丰厚的赡养费,恢复单身。

说到林青霞,她绝对是很多人心目中的女神,风华绝代,屹立影坛数十年,仅一个东方不败的形象,至今无人能超越。

感情上,她遇到过真爱,为了爱,她不惜牺牲自己的事业。结婚后,她开始淡出影坛,专注于家庭,相夫教子。

她的好,他也回报,对她百依百顺,不仅满足她的物质生活,在精神追求上也尽力成全,支持她写作,于是她写出了《窗里窗外》《云来云去》两部作品。然而,女神也和普通女子一样没有逃过"丈夫出轨"的狗血桥段。

眼瞅着女神感情受挫，落井下石者有之，他们酸溜溜地说："明星又有什么了不起呢？姿色渐衰照样被人甩。"也有人颇带偏见地说："一把年纪了还离婚，还有什么资本折腾？就不能凑合着过吗？"

可是，在底气十足的女神心中，若是没有感情，就绝对不将就，是否离婚，只论感情，不分年龄。她的勇气，就是最大的资本。

六十几岁又如何？善待自己，不分年龄。面对一个心里已经没有自己的人，面对一段已经变质的婚姻，与其相看两相厌，不如及早抽身。

她抽身的样子，真的优雅又高贵，守住了底线，捍卫了自尊，保护了独立的灵魂，很拽！

说了这么多，真心愿你足够幸运，拥有"执子之手，与子偕老"的爱情。 如若不能如愿，愿你拥有转身力，其后余年，活得灿烂。

46. 培育自己的属己感，怎么活都保险

女同学离婚了，寻死觅活的，父母从山东老家开车到上海，接上她再送到青岛来，让我劝劝她。

可怜天下父母心，我找不到推辞的借口。

一夜无眠，促膝长谈。她眼睛直勾勾地望着我家客厅天花板上的丘比特灯饰，咬牙切齿地说："都是骗子，我爸是骗子，他也是骗子！"

这怎么骂前夫把自己老爸都捎带着骂上了？

她让我回想一下她的婚礼。

我们那群死党里，她结婚最早，所以她的婚礼我印象深刻。那天，她做银行行长的父亲，亲手把她带着婚纱手套的纤纤玉手交到前夫手中，严肃地说："我把我的掌上明珠交给你了，你要对她负责。"

前夫对着二老深鞠一躬，像是完成了一件"国宝"的交接仪式。

对于这样的所有权让渡方式，她也乐得接受。婚前是父母庇护，婚后是丈夫接手，她只需要享受安逸就可以了。可面对这样两个男人之间关于女人的所有权让渡仪式，我觉得特别荒唐。

这种荒唐在无数次被验证，太多婚姻不幸的女性像我这位女同学一样抱怨："他对我爸保证要照顾我一辈子，可我还没又老又丑，他就不耐烦了。"这些女性哪里知道，自己的所有权只能是自己掌握。每个人的人生就像是一个公司，每个公司都必须有个董事长，而且这个董事长只能是自己。只有这样，你这个公司才健全，你的人生才稳妥。

与董事长伴生的，就是属己感。

什么是属己感

所谓属己感，就是一种"我的生命属于自己，我的生活我做主"的心理状态。懂得自己要什么，清楚自己人生的方向，内心明朗。她们并不能保证每次的决定都对，但最起码能知道自己想要什么，不想要什么。

具备这种属己感的女性，一般有这样的标签：

在表达观点时，她们通常会以"我认为""我建议""我觉得"开始，很少用"我爸妈说""我听人说"这样的句式；

从小到大，面临抉择时，她们总是自己把关，从高中时文理科分班，到高考院校专业选择和去哪个城市发展，再到择业择偶等事宜，统统都是"我的人生我做主"；

当被父母反对时，她们也会给出比较成熟理性的解释，来打消父母的担忧和疑惑；

失恋了或离婚了，她们会伤感，但不会绝望，她们不会认为"没人要我了"，而是依然坚信"我属于我自己，我要好好的"。

总结一下，就是特别有主见。当然，这种有主见并不是任性胡来，而是在充分了解自己的基础上深思熟虑的结果，是理性与成熟的表现。

具有属己感的女人，怎么活都精彩

同样是在同学聚会上，我见到了另一位久别的女同学。她是一位成功的律师，但吸引我的不是她的事业，而是她的容貌。说实话，近二十年过去了，只有她，几乎没变样儿。在"富态""油腻"的众多同学中，只有她，吸引我的目光。

淡定如我，也禁不住问她的保养秘诀，可是她却说，没什么特别，和大家一样工作和生活。她说得云淡风轻，可我很快就发现了她和其他女人的不同之处：

聚会前，只有她以"请知悉"的口吻叮嘱大家别带家属；

聚会中有人讲别人的八卦，她总会及时制止；

当大家都在胡吃海喝时，只有她控制食量，只吃清淡的食物；

当大家都在闹哄哄地 K 歌时，只有她安安静静地待在房间一角，比照老照片画素描；

当大家都意犹未尽却被家人催着回家奶二孩儿时，只有她说要去月牙泉，她要在旺季之前赶到，这样才能拍到干净的照片。

我问她，工作那么忙，哪来这么多时间。她说，她有许多只能自己独享的私人地盘和时段，神圣不可侵犯，因为前夫干涉过多，她离婚了。现在有人追，她还在"考验"这个人。

我羡慕这样的女性，也许因为太多人做不到，所以她们才是稀缺品种。可是，这也正是幸福的女人少、不快乐的女人多的根源——没有属己感。

有属己感的女性，怎么活都是精彩，即使遭遇挫折和变故，她们也能接得住，能把自己安置妥当，永远不会乱了阵脚。

最能拯救离婚女人的，就是属己感

属己感，是婚姻遭遇变故的女性当下最缺少的，也是最能拯救她们的。

我在很多女性身上看到了属己感的缺失，她们打着奉献爱家的名义，自我沦丧，活得面目全非，对男性再无吸引力。

没有属己感的女性，离婚后，最强烈的感觉就是迷茫、无助，找不到依靠，靠自己又站不起来。

属于一个男人，对于这类女性来说，好像是一件值得炫耀的事，虽然有时候她们嘴上假惺惺地抱怨男人的大男子主义，其实心里觉得自己"名花有主"。有人追、有人要，极大地满足了这类女性的虚荣心、"公主梦"。

如果突然不被需要了，被遗弃了，那份失落和挫败感真的能掏空一个女人所有的骄傲，宛如被扎破的气球，干瘪乏力，空有皮囊。这时候，只有重新做回自己的董事长席位，找到属己感，靠自己打江山，才可以复活。

如何尽快地培育这种属己感

第一，别再死乞白赖地问别人："亲爱的，你说我该怎么办？"

离婚后的女性，是弱势群体，没有主心骨，恨不得把每一个经过的人都当作上帝，逮人就问："你说我该怎么办呢？"放弃这种没出息、不明智的举动吧，别再被别人的价值观喂养了，要静下来，问自己："我想要什么样的生活？"学会听自己的，和自己的心灵对话。

第二，真实勇敢地表达自我。

要学会正视、尊重、表达自我的真实感受。你的挫败感、你的自卑、你的担忧，都是合理的，可以写下来，拿到阳光下晒晒。

不要因为怕出丑，而掩饰自己佯装欢笑；也不要委曲求全，迎合他人。悲伤就是悲伤，哭泣就是哭泣，你没有义务取悦其他人。

第三，要为自己感到庆幸。

别觉得低人一等，你比谁都牛，因为现在的你是最完整、最霸气的，你终于当上了那家叫"自我"的公司的董事长。谁都无权干涉你，你不是谁的妻子，也不是谁家儿媳，你可以一人吃饱全家不饿。若有人鄙视你，你同样可以鄙视他们，因为他们尚不自知、不自由，羁绊太多，无法在自己那个公司施展宏图。

一旦你找到这种属己感，你就会元气满满了。

第四，回顾一下自己以前有多丑。

现在，你可以回顾一下自己以前有多不值得了。

以前的你，以伟大和奉献的名义，活得迷失自我：

要么用"做妻子就该有个做妻子的样子"来高频洗脑；

要么拿"你知不知道我为这个家付出多少"来怨声载道；

要么以"要不是为了你，我才不会放弃那么好的机会"来宣泄委屈。

当你主动交出自己的所属权，对生活丢盔弃甲、缴械投降的时候，所有委屈、不甘、戾气和怨恨都会降临到你头上。

现在，挺起腰杆来，命运就开始转变了，自己可以活成一部励志剧。

47. 请你思考：为什么"小三"队伍里销售居多

朋友在一所中等城市的大学里当老师，我回乡路过她家，赶上一场大戏。

她把丈夫的衣服和被褥在楼下烧,好多人围观。

我以为她的丈夫去世了,赶紧上去劝慰。

一听她说才知道,原来她的丈夫出轨了,她气不过,情绪失控,把丈夫骂跑了,于是把丈夫的东西当遗物来处理。

平时文文弱弱的她,真看不出来还有这爆发力。

她的丈夫也是我的校友,和她在同一所大学教书。

事情的原委是这样的:去年她的丈夫学车,在驾校认识了一个卖服装的女人,一来二去两人就勾搭上了。

看着朋友一脸怨恨又不修边幅的模样,我既同情她又觉得事出有因:这副"尊容",难怪这么快就被对手打败了。

因为这件事,我又想起前不久,我邻居的丈夫因为办理车险,出轨了代理车险的女销售。这一连串的信息汇集成证据网,在"小三"队伍里,从事销售的人占很大比例。我进一步做了调查,而事实也印证了这一推测。

为什么会这样?乍听起来不可思议,其实这很符合人性和男人的性情。

这也牵涉到一个古老而严肃的话题:千百年来,两性吸引力的基础是什么?在女销售身上,我们能找到答案。

销售都很主动。俗话说,男追女隔座山,女追男隔层纱。男人是最不经勾搭的物种,只要女人瞄准了一个男人,就一定能勾搭成功。只要她主动、坚持,一定会有那么一瞬间男人的意志薄弱，她就成功了。

销售"小姐姐"都看起来相对好看。别管长得漂亮不漂亮，销售都爱打扮，捯饬得挺好，看起来光鲜亮丽。如果说妻子是"平装书"，那情人就是"精装书"。虽然回到自己家里，漂亮销售也是"平装书"，但示人的、你家男人看到的销售都是"精装"的。男女老少都是视觉动物，这点毫无疑问，所以，在形象和养眼效果上妻子就输了。

什么时候男人觉得妻子好？病倒时、需要人照顾时。那时候他们已经没有多余的脑内存来欣赏美，最渴求的是好好活着；那时候，他才知道妻子贴心、体己。

销售体贴。大部分妻子都很彪悍，因为在一地鸡毛的生活中，男人的毛病和孩子的顽皮已经耗尽了一个女人的耐心，所以，妻子发脾气的时候多，无暇顾及说话的艺术。而打扮入时的销售，身上背着KPI，盯的是男人口袋里的钱，所以，她们目的明确，为了达成目的，要让男人耳闻目睹的都舒服，何况先前还都受过"读心术"的训练，察言观色的本领了得，像是男人肚子里的蛔虫。所以，她们的声音是控制好的，笑容是拿捏好的，举止是精算过的，眼神儿是修饰好的，一切都刚刚好，让男人舒服。男人动了心，才能签单。所以，销售体贴。

不少销售都很年轻。"小三"有时候不漂亮，但年轻。有位出轨男人的感言是这样的："和她在一起，感觉自己依旧年轻，没有被时代抛弃，生命很鲜活。"他很坦诚，说出了很多出轨男人的心声。"我爱你，也爱爱上你时的自己"，这句话，也适合男人的出轨心理。长期以来，我们只关注女人怕老，其实男人也恐老，只是被忽略了。

说了这么多，你应该知道了为避免男人出轨要怎么做。

讲真，当个不被出轨的妻子，真的很难。若是不想这么麻烦，那就听天由命吧。能接受就接受，不能接受就好好离婚。

当然，作为女性，假如想让婚姻少一点风浪，那还是应该尽可能地改善自己，比如，多注意自己的形象；说话温柔得体；对丈夫也温柔体贴一些，别只把他当作赚钱机器。那些发了没用的火、骂了没用的话，就不要说了，起不了作用还让自己掉价。如果情绪真的到了需要宣泄的时候，可以找一些科学的方式，别让男人看见你的丑，心疼你的会伤心，不心疼你的会恶心。

在与"小三"的较量中，输了就是输了，但就算是最糟糕的结果，也有值得借鉴的地方，敌人昨天的得意之处，就是你明天的信心来源，总有一处使你受到恩惠。

48. 不要心理不平衡，不幸的婚姻关系里伤害是相互的

走不出离婚阴影的人，往往心理极其不平衡，觉得便宜了对方，或者便宜了那对"狗男女"。

解决这个心理问题，一句话就行，我告诉你："在不幸的婚姻关系中，没人能沾到便宜。"倾巢之下，焉有完卵？你倒霉，他和她也同样不幸。

你的不幸我就不说了，说说他和她吧。

分两种情况，有第三者介入和没有第三者介入。那些有第三者介入的家庭，离婚了应该是男人赢了吧？其实不然，再婚并不是你想象的那么美好。

在情场上，他算是我见过的最大的人生赢家。一开始，他只是个做建材的小商贩，非京籍。娶了第一任老婆，岳父是公安部的，通过合法的形式取得户籍。儿子是岳母给看大的，他只管一心扑在工作上。慢慢地，他成了某世界五百强企业华北区的总经理。

因为十周年同学聚会，他再见初恋女友，旧情复燃。他对妻子说："我一直未能忘记初恋女友，一辈子不长，我不想留有遗憾。"言外之意就是想离婚。妻子没有北京大妞儿那股子泼辣劲儿，特别受伤，但还是平静地同意离婚，并没有要什么财产，房产全留给他和儿子，带着一颗破碎的心，远嫁澳洲。

他在该结婚的年龄结婚，功成名就，又在中年不甘寂寞的年纪找回初恋，人生赢家啊。

可是，他很痛苦，他说真正过起日子来，初恋再也不是梦中的初恋。他已经习惯了和前妻的相处模式，难以适应一段新的关系，比如，他和前妻之间是谁不忙谁做饭洗碗，而初恋则要求做饭的不洗碗，洗碗的不做饭。就在这个问题上，生出了许多矛盾。儿子和后妈的矛盾也不少，总在奶奶那里说后妈不好，于是初恋和母亲之间的婆媳关系也闹得他无法安心工作。

想当初为了争儿子的抚养权他和前妻死磕。现在，为了能过正常人的生活，他决定把儿子还给前妻。

作为被离婚者，她一直不自信，特别受伤，恨前夫。直到两年后，她回来探亲，接儿子的时候和前夫见了一面，看他苍老了许多，知道了他目前的家庭因为亲子关系、婆媳矛盾闹得鸡犬不宁。她心里顿时释然，原来，那个变心的人，也受到了生活的惩罚。

比惨是最能疗愈心理失衡的手段。现在，看到对方这么惨，心理舒服点了吧？是不是还生出那么一点点怜悯？那就别再耿耿于怀互相伤害了，各自安好吧。

这是个开明的时代，再也没有谁被逼婚，一般两个人走到一起都是因为相爱。也就是说，正常的婚姻关系中，是没有人奔着离婚去结婚的，正因为对婚姻有憧憬、有希望，才选择走入婚姻。可是，由于各种各样的原因，要离婚了。这段婚姻的结束，证明两个人当初的选择没有取得成功。那么在这段关系中，确实是没有赢家，至少到婚姻结束时是这样。别把提出离婚的他想得太坏，正如这个世界上坏人并不多，大部分人做了错事、坏事，也都有自己的苦衷，或是一时失足，或是一时糊涂，或是被外力束缚。你越宽容，自己越舒服。

以上说的是从心理方面来看，从法律方面来看，婚姻案件的核心问题就三个：离婚、子女抚养、财产分割。通过诉讼方式来离婚的，大多对离婚不持异议，争执主要集中在子女的抚养权和财产分割方面。但是，无论子女最终由哪一方来抚养，孩子都会失去另一方的陪伴与呵护。无论财产如何分割，双方都会失去一部分，谁都得不到全部。而且，一旦涉及公司股权等问题，往往还会牵连更多。

离婚的后遗症有很多，没有孩子的家庭，两人可以一拍两散，另起炉灶；有孩子的家庭，孩子是两人一生都剪不断的线，只要有一方是带着愤怒离婚的，双方的日子将来都不会太好过。

因此，希望大家在结婚时要慎重，不要盲目，离婚时要珍重，不要仇恨，千万别让婚姻成为你生活的枷锁。和谁过不去，都是和自己过不去；和过去过不去，就是和未来过不去。

49. 快速走出离婚阴影的心理训导法

无论如何，离婚之痛是无法完全避免的。有的人一个月就能平复下来，有的人十年八年也走不出来。别人的开导，不如你自己的正向教导。别人的帮扶是助因，自己的思想才是内因。若你想真正开解，下面这些自我心理训导是必不可少的。

第一，接受它。

离婚对双方都是一场心灵手术，要接受。只有承认它、面对它、接受它，才能解决它，不要幻想走捷径。所以，在离婚后一定要允许自己痛苦，并且拥抱它，不要故意逞强，拼命掩饰。你越不承认它，后患越大。

当你承认自己很痛苦时，你就能安静下来和痛苦做朋友了，你将不会再为了与痛苦作斗争而消耗更多的精力，也不会再因为伪装坚强而内心委屈。平静下来，你会看到自己在这段婚姻里的失误是什么，你会发现对方的问题，也会触摸到自身的问题。你还可以给这段婚姻打分，找出价值何在，有多少？当你认真分析思考后，你会庆幸现在的结局。

第二，停止胡思乱想。

在离婚后那段接受痛苦的过程中，一定会有一些消极的想法，比如，自我怀疑、自卑、对未来感到迷茫、不安全感加剧、鄙视甚至痛恨爱情。任何人，在这个阶段都会在心底不由自主地问自己：还会有人喜欢我吗？我还值得别人爱吗？世界上真的有对的人吗？我还会像从前那样再去爱吗？会不会下一个还不如上一个呢？自己过一辈子会不会很凄惨？

这些担忧，只会加重你的恐慌和不安全感。你必须阻断这些声音，像关掉开关一样，打消这些消极的想法，这些都不是你当下要考虑的问题。你越是迷茫，越需要做那些对自己只会有利而绝对无害的事，比如，好好吃饭，好好睡觉，心情不好时泡一杯玫瑰花茶、听听舒缓的音乐，培养一个自己的兴趣爱好，等等。

第三，积极地自我肯定。

坦白地说，离婚是一次纠错、是一次失去。你必须强迫自己相信：有失必有得，旧的不去新的不来，下一次更精彩。而且，我们的人生就是不停得到，不断失去，周而复始。

因此，在离婚后允许自己痛苦，与此同时又要不失时机地在痛苦中进行积极地自我肯定，不断地告诉自己：离婚是好事，是对一对不适合的男女组合最好的安排，是不当选择的纠错，是一次重生的机会，我比别人多了一次机会，可以重启按钮，开始崭新的人生。我尊重这份失去，也拥抱这场痛苦，我一定能在痛苦的修炼中提高自己的情伤免疫力和婚姻经营能力。只要我内心充满热情，一定有好的归宿。

人们都有随大流的心理倾向，比如，身体有了病，当看到和自己得同样病的病友康复了，自己心里也会重新燃起希望和向往。同样，当你开始自我怀疑时，可以给自己树立榜样，选择那种离婚后依然活得丰富多彩的女性，通过和她们的对比或交往，你的心里也会踏实、明亮起来。

只要你对自己积极肯定，哪怕是强迫自己积极乐观，坚持一段时间后，你的心里一定会晴朗起来，你能明显感觉到自己的进步，接下来的人生也会一通百通。当你这么做的时候，你掌控生活的能力会大大提高，在悄无声息中已经重塑了自己的未来。这样的你，已经得了第二次生命，是思想的巨人。

当然，如果你所有方法都用尽，依旧无法很好地调整自己，你应该向亲友寻求帮助，甚至是寻求心理和医学救助，不要自己硬撑。

第四，离婚伊始，你可能需要有其他亲密关系的江湖救急。

一个远亲姐姐，记忆中她温柔贤惠，貌美有气质，大学毕业后顺利进入四大银行之一工作，结婚生子，人生顺遂，被众亲戚所羡慕。谁知在儿子四岁时，她发现丈夫出轨了。她和丈夫是高中同学，大学时期的异地恋都没能破坏彼此的感情。姐夫为人踏实，每月的工资都"上交"给姐姐，还会帮忙做家务，对双方的亲人也很好。这么稳当靠谱的男人，竟然背叛了她，姐姐伤心欲绝。为了儿子，她想给姐夫机会，但姐夫坚决要求离婚。

离婚后，姐姐对前夫还是心存幻想，然而没多久前夫就再婚了，而且又有了孩子。这对姐姐是个毁灭性的打击，一向好脾气的她突然像变了一个人似的，暴躁易怒，看谁都不顺眼，总发脾气，要不就是哭哭啼啼。一转眼两年过去了，姐姐突然变得安静了，所有人都认为她应该没什么事了，结果出了大事。

就在这个春天，姐姐自杀了，在遗书中她写道：一直以来我都认为自己生活得很幸福，前夫出轨对我的打击非常大，离婚后我特别抑郁。我也不想这样，可是我对自己无能为力，不想再压抑自己，于是就把坏情绪发泄出来，没想到，亲人们却责怪我"怪不得前夫和你离婚，你脾气不好"。这样的话我听了心如刀割，为了避免这样的言语刺激，我只好切断了和所有人的联系，成为一座孤岛。最后，孤岛等不到阳光，就在黑暗中消失……

假如你身边有这样的绝望离异女性，请你善待她们。她们极度敏感，你的一个眼神，一声叹息，只言片语，对于她们来说，要么是阳光普照，要么是黑云压城。病去如抽丝，所以要心细如针。

第八章
再婚之路，美妙继续

导读

我还会遇到好男人吗？

还会有人爱我吗？再婚后会幸福吗？

答案是肯定的，不在风中，就在身边。

在我身边，婚姻幸福指数得高分的夫妻，都是重组家庭。但幸福有幸福的依据，情感的和物质的，都有。

一定是真心相爱，心无芥蒂，彼此无防备的。

一定是了断经济目的和毫无物质纷争的。

再婚，你准备好了吗？心理的、物质的、生活方式的……

如果准备好了，那请你骄傲地重启"action"！

50. 比起急匆匆地再婚，一次严谨的复盘行为更靠谱

1940年，法国作家莫洛亚·安德鲁对婚姻作了意义深刻的陈述，他写道："成功的婚姻，是每天都必须重建的大厦。"

关系，是最需要复盘的东西。复盘的本意是围棋术语，也称复局，就是每次博弈结束以后，双方棋手把刚才的对局再重复一遍，这样可以有效地加深对这盘对弈的印象，也可以找出双方攻守的漏洞，是提高自己水平的好方法。

在人生的棋盘上，复盘也是很好的提高亲密关系的方法，根据系统式家庭治疗理论，亲密关系的失败不是一个人、一件事的问题，而是两人或多人之间多次互动错误的一个系统问题。只有通过日复一日的复盘，才能对双方的心理有一个把握，窥见沟通的漏洞。

通常，我们总是把复盘这种方法用在工作上，在婚姻家庭上却一错再错，同样的错误一遍又一遍地轮回着。

比如，一个女人总因为男人做家务不到位而和他唠叨，因为拖地，两人赌气要离婚。女人问我："我有错吗？"

我说："你们总是同样的事因、同样的套路一遍遍轮回，难道没有更好的方式吗？"

她说："没有。"

我告诉她说："你再想想。"

她想了想说："有了，比如，我可以不用命令的口气要求他拖地；看他方法不对，我可以给他做个样子；当他有一点进步后，

我可以表扬他一下。"

这就是在我启发下,她个人所做的一个简单复盘。

我的一位朋友,她是舞蹈老师,身姿曼妙、家境优渥,离婚十几年了。她并不是甘于寂寞的人,交往了不少男友,但就是没人娶她。

她问我:"你说我怎么就是嫁不出去呢?"

我反问她:"那你认为呢?"

她不假思索地回答:"我觉得我没有问题呀。我长得还算漂亮,我有钱不靠男人养,可能就是有时会有点小脾气,但这不是大问题啊。"

可是,她说的这些都是她自认为的"不是问题"。

我进而问她:"你上一段婚姻中有什么问题吗?"

她立马急眼了,对我开吼:"我对他那么好,他还出轨,还耍心眼儿霸占了我的别墅,我赔了青春又折了别墅,我没有任何问题,所有的问题都是他的问题!"

因为是公众场合,我立马用别的话题打断了她。

办案经验越多的法官,在判决时,越是慎重,不放过任何一丝一毫的可能。对人的情感和关系研究越久,越不敢轻言自己没有问题。世界上,人无完人,哪有没有问题的人呢?一口咬定自己没问题的人,是最大的问题。

她的前夫我也认识,他们离婚后,他向我诉苦,说她太强势,只要她不喜欢某个人,就禁止他和人家交往,如果不听,立马让人下不来台。就这一点,很少有男人受得了。还有,她说话很刻薄,前夫一不听话,她就不留情面地说:"钱都是我挣的,你不高兴就给我滚蛋!"

事实上,她的前夫宁愿找个外地来的农村姑娘,也不想要她这个京籍富婆。我有一点心得就是:凡是那些表面上无法解释得通的离奇现象,其深层次一定有这样那样的心理因素。若顺着这个方向摸索下去,一定能挖掘到问题的根源。

这些问题她意识不到,依然故我,而且还加深了怨气,所以,和她逢场作戏的人多,想娶她过日子的人却没有。

因为不懂复盘,同样的毛病被变本加厉地带入下一段婚姻,只会越发不可收拾。这也是为什么好多离婚人士,一婚不幸福,二婚三婚更悲剧的原因。不懂复盘,悲剧只会步步加深。

所以,比起急匆匆地进入下一段婚姻,一次认真的情感复盘行为更重要。

复盘,从何处入手

将你过去的经历重新回顾一遍。

将你们离婚的导火线重新回顾一遍。

重大婚姻关系危机事件中,你是否有更好的做法?

回过头去,放下偏见,跳出自己,回望来路,你一定会有更暖心释然的发现。这个复盘的过程,其实就是将过去这段经历对你的伤害以及对你产生的阴影,进行清除的过程。就好像你的衣服被污渍弄脏了，需要用水来清洗将其清除。复盘经历就是先将过去的经历走一遍，找到污点，然后用清水进行清洗和化解。

到底化解什么

化解那颗冰冷的心，抚平那结疤已久的伤痛，温暖那颗留下阴影的内心。

化解的过程是重新解读的过程，同时也是让自己的内心显现的过程，更是让自己内心强大的过程。说白了，就是提高对这件事情的认知能力，拔高自己的思维境界，提升自己的容纳度。

当你变得强大了，受到的伤害自然就小了。

经过这样的复盘之后，你内心的忏悔会多一些，对对方的仇恨会消减一些。现在，你将会对过去的经历进行重新定义：哦，原来我也有过错，原来这是好事。

也只有此时，你才能真正发自内心地说：感谢所有，一切都是最好的安排。

51. 再婚前，要保证自己的人身独立性

二婚很麻烦，因为不独立。

有人说，离婚了，自由了，怎么可能不独立呢？事实上，离婚只是解除了和一个人的婚姻关系，但从社会关系上，更复杂纷乱了，更不自由了。

举个我特别熟悉的例子。

王二虽然五十岁了，但在八十三岁的父亲眼里，他还是个孩子。王二从来没脱离过对原生家庭的依附，包括他离婚。虽然他和妻子并不恩爱，但并未到非离不可的地步。因为他的妻子懒惰、不懂事，王二的父亲讨厌这个儿媳妇。在一次不可调和的家庭争吵后，王二的父亲对他说："赶紧和她离了吧，孩子的抚养费咱不让她出，她要啥给她啥。"

就这样，王二听从父亲的指挥，急不可待地和妻子离了婚。女儿由他抚养，抚养费他全部承担，因为双方都无过错，房子归他，家里的储蓄归前妻。

不久后，在朋友的介绍下，王二认识了曾娟。曾娟也是离异，有一个儿子归前夫抚养，她也不用出抚养费。

王二和曾娟自由恋爱，自主结婚了。可是他们过得并不太平，天大麻烦不断，家里鸡犬不宁。不仅他们的婚姻不幸福，双方的父母和兄弟姐妹都跟着遭殃。

王二和曾娟之间有三大糊涂账。

第一，虽然再婚前王二明确告诉曾娟，没让前妻出抚养费，曾娟当时在热恋中，口口声声说"这都不是事"，可是婚后她越想越是事，是无法容忍的大事！曾娟心里感到严重不平衡，骂王二傻，觉得自己吃亏。

第二，王二人善良，不懂法，先前替朋友担保贷款，等他再婚后，朋友跑路了，因为他是连带责任人，担保公司追债追到他的头上。曾娟简直要疯了，觉得自己好傻。

第三，曾娟的前夫因为去南方打工，把儿子扔给奶奶带。曾娟得知后，心疼儿子，在种种严重心理不平衡下，她主动担负起儿子的日常抚养，从一开始给钱，发展到后来把儿子接到家里来吃住。

所以，王二与曾娟整日剑拔弩张，两人都心力交瘁，双方的亲人也都被拖累得精疲力竭。

你看，王二和曾娟都是离婚，单身，貌似独立自由，其实两人都有各种拎不清的复杂关系。

这个案例是个让人非常头疼的案例，若为再婚幸福考虑，王二和曾娟都应该矫正。

王二有哪些问题？

王二不应该碍于父亲的威望，而对前妻口出豪言"抚养费不用你出一分"。他真有独立抚养女儿的经济实力吗？事实上，随着女儿的成长，他越来越感觉到独立抚养女儿的各种压力。

王二应该明确告诉曾娟自己替人担保贷款的事。虽然他和曾娟恋爱时没出事，但是有潜在风险，他应该保证曾娟的知情权。

曾娟有哪些问题？

再婚前，她不应该被爱情冲昏了头脑，在对王二的财产状况不了解的情况下，盲目恋爱，导致自己懊悔不已。

做人要守信用，在情场上也一样，不能出尔反尔，答应了的事情要做到，法律上这叫契约精神。虽然我们不好把婚姻看作契约，但处理关系是要有契约精神的。曾娟先前已经接受王二承担女儿的全部抚养费的事实，就不应该再婚后反悔。还有，作为母亲，她关爱自己与前夫的儿子天经地义，但关爱的方式是有问题的，可以探望、照顾，但不应该把儿子带入自己的再婚家庭，除非与王二共同协商，经过王二同意。

二婚原本就不易经营，如果再不能确保自己轻装上阵，那幸福是根本不可能的事情。所以，再婚前一定要确保自己的人身独立性，这至少包括：

我的婚姻我做主，确保无人干预；

要有解决问题的能力，把问题阻隔在再婚家庭之外；

和前夫／前妻的私人关系干净明晰，绝不含混不清；

对对方的财产状况非常了解，也让对方了解自己；

能妥当地处理好子女问题；

答应对方的事情，一定要做到，不能反悔。

52. 最好结婚之前就把二婚男的底细摸清楚，不然将来很麻烦

据说，四五十岁的离婚男士再婚非常容易，尤其是财大气粗的。除了财大气粗的，文艺颓废的也很抢手，年轻女孩很喜欢大叔这种 style。

可是，这些离婚大叔，危险指数很高，无论感情，还是财产。每当我建议那些年轻女孩，在嫁给二婚男之前，了解清楚对方的资产状况和情感家庭背景，姑娘们都表示不屑，认为这是功利和拜金。其实不然，婚姻不是儿戏，你总得对和自己同床共枕

第八章 再婚之路,美妙继续

的那个人有最基本的了解,知情的目的是为了保证自己的合法权益。

以下是一位叫小潘的网友,在她的"情感美文系列"中所讲述的一个故事,我们有幸看到,因为这则故事很精彩又有法律代表性,现引用之,略做法律分析。

叶晓在还是美院在校生时,就喜欢上了自己实习的画廊的老板刘云,但是她一直藏在心里。

刘云对他们这些实习生态度特别好,经常给他们讲述自己的求学历程,讲解艺术的发展轨迹,把画廊里的画一幅幅讲解给他们听,甚至在有画家办画展的时候,向画家引荐这些实习生,给他们一个与大师面对面交流的机会。但刘云已经结婚了,妻子是一名模特。

后来刘云的妻子出轨了一个豪门富少,两个人选择了离婚。在那一段时间,刘云的画廊因为一个画家违约而出现了问题,加之收购的一批画夹杂了假货,刘云当时的生活境况十分不好。

叶晓在那段时间一直陪伴着他,用陪伴来吐露自己的心声。两个人就在那段低谷期相互扶持,在画廊新增了书画教学和鉴赏讲座来吸引顾客和投资。两个人费了不少力气将画廊又重新运营得红火起来。

叶晓如愿以偿地成了刘云的第二任妻子。结婚时,刘云对她说:"我除了这家画廊之外一无所有,我能给你的,也只有我的艺术创作热情和对艺术的热爱。"但是,叶晓什么都不在乎,她说:

"钱不是问题，最重要的是和你在一起。"

因为是同行的缘故，两人都比较随性，结婚之后也不存钱，有一分花一分，想买什么就买什么，想去哪旅游就去哪旅游，去尼泊尔写生，去西藏拍摄羚羊。日子算是过得悠闲自得，但叶晓总觉得不踏实，有时候她提出来算一下家中的钱，刘云总是笑她俗气，说她像是一个市井小农妇。叶晓也不好再开口，索性就真的"嫁鸡随鸡，嫁狗随狗"了。

后来，叶晓发现刘云和前妻还有联系，两个人经常有资金上的往来。一天，叶晓和朋友出去吃饭，正好看到刘云和他的前妻在一家饭馆里边，前妻哭得梨花带雨，楚楚可怜地看着刘云。刘云情不自禁地抱住她，一直紧紧地抱着。叶晓看着看着眼泪就流下来了，自己先回家了。

原来，刘云的前妻被那个富二代抛弃了，她想重新回到刘云身边，但是刘云已经和叶晓结婚了。也许是刘云对前妻还有感情，没有拒绝她的求助，替她找了工作，甚至还有资金上的支持。

之后，刘云经常晚上回家很晚，叶晓就红着眼睛在沙发上等他。一天，叶晓在画廊打理画，忽然间进来一群人开始砸店，说是刘云在外边欠下了债务，要用这家店偿还。叶晓拨打刘云的手机，刘云非常痛苦地说，他是个"渣男"，不求叶晓原谅，只求能够给他离婚的机会。

两人在痛苦中离了婚。但在离婚时叶晓才发现，原来刘云已经背负上了将近五百万的债务，而且他的财产在第一次离婚时已经大部分给了前妻,除了这家画廊之外,他几乎是净身出户。离婚之后,刘云又赠予前妻一部车,给她租了房子。

叶晓莫名其妙地结了婚,然后稀里糊涂地为别人打理了许多年的生意,最终什么也没有得到,反而背负了巨额债务,她对生活简直失望透顶。

假如叶晓在婚前就听人劝说,摸清对方的财务和感情状况,就不会遭遇现在的困境。因此,为了保障自己的合法权益,女孩子在结婚(尤其是嫁给二婚男)之前,一定要搞清楚对方的资产状况、负债状况和情感情况,搞清楚究竟哪些不动产是可以署自己的名字的。在婚后购置的财产,也要争取写上自己的名字。

如果财产状况复杂,最好请一位长期的咨询律师,可以在自己的权益受到侵犯的时候,帮自己及时做出合理的分析和决策。

法律锦囊

现在我们来分析一下,叶晓在这场被"文艺细菌"欺骗的婚姻里,吃过的暗亏以及预防措施。

第一,五百万的债务是在叶晓不知情的情况下产生的,也没有用于夫妻共同生活,叶晓有义务偿还吗?

1987年1月1日起施行的《最高人名法院关于贯彻执行〈中华人民共和国民法通则〉若干问题的意见(试行)》第四十三条:在夫妻关系存续期间,一方从事个体经营或者承包经营的,其收入为夫妻共有财产,债务亦应以夫妻共有财产清偿。

最高人民法院《关于人民法院审理离婚案件处理财产分割问题的若干具体意见》(1993年11月3日)第十七条规定,下列债务不能认定为夫妻共同债务,应由一方以个人财产清偿:

(1)夫妻双方约定由个人负担的债务,但以逃避债务为目的的除外;

(2)一方未经对方同意,擅自资助与其没有抚养义务的亲朋所负的债务;

(3)一方未经对方同意,独自筹资从事经营活动,其收入确未用于共同生活所负的债务;

(4)其他应由个人承担的债务。

夫妻共同债务是为维持夫妻共同的家庭生活而产生,应由夫妻双方共同承担,用夫妻共同财产进行偿还;夫妻共同财产不足以偿还的,应以夫妻个人财产偿还。夫妻一方的个人债务由一方用个人财产偿还。确定为个人债务的,债权人不得向另一方要求偿还。

《民法典》第1089条规定:"离婚时,夫妻共同债务应当共同偿还。共同财产不足清偿或者财产归各自所有的,由双方协议清偿;协议不成的,由人民法院判决。"第1064条规定:"夫妻双方共同签名或者夫妻一方事后追认等共同意思表示所负的债务,以及夫妻一方在婚姻关系存续期间以个人名义为家庭日常生活需要所负的债务,属于夫妻共同债务。夫妻一方在婚姻关系存续期间以个人名义超出家庭日常生活需要所负的债务,不属于夫妻共同债务;但是,债权人能够证明该债务用于夫妻共同生活、共同生产经营或者基于夫妻双方共同意思表示的除外。"第1065条第三款规定:"夫妻对婚姻关系存续期间所得的财产约定归各自所有,夫或者妻一方对外所负的债务,相对人知道该约定的,以夫或者妻一方的个人财产清偿。"

本案属于夫妻一方从事经营活动所负债务如何处理的问题。对于该类债务是否认定为夫妻共同债务,主要考量两个方面的因素:一是该经营活动是否取得了夫妻另一方的同意;二是经营收益是否共享,即使夫妻另一方没有同意,但是经营收益用于共同生活或者另一方追认亦可定为共同债务。叶晓对刘云筹款经营的事毫不知情,显然属于未经同意私自筹款经营,所获收益并没有用于共同家庭生活,因此属于刘云的个人债务,不属于夫妻的共同债务。

第二,刘云在和叶晓的婚姻关系存续期间赠予前妻的一部车、租房的钱,是否对叶晓的财产权构成了侵犯?

刘云在和叶晓的婚姻关系存续期间赠予前妻的一部车、租房的钱均属于夫妻共同财产,必须由双方同意或一方为家庭的利益才能处置。本案中,刘云将夫妻共同财产赠予前妻的行为显然侵犯了叶晓的夫妻共同财产权,叶晓可以起诉要求刘云的前妻返还购车款和房租。

53. 再婚前的财产协议与公证

目前,婚前财产公证还难以被中国老百姓所接受,究其原因主要在于，这一新生事物与中国传统的家庭观、伦理观不符。在大部分人眼里，如果在步入婚姻殿堂前进行婚前财产公证，无疑是对爱人的不信任和对婚姻有防备。

对于刚结婚的年轻人，对婚前财产公证过于敏感是可以理解的，而对于二婚人士，财产公证是应该提倡的。

主要有两点依据：

第一，婚前财产公证对双方的发展更有利。一般情况下，二婚人士都有一定的个人财产，经过多年的积累，双方都拥有一定的存款和不动产。若是民营企业的企业家，除了拥有可观的现金和房产、豪车之外，还拥有公司、企业等事业型个人财产。这些婚前财产，以婚前财产公证的方式加以明确，不但表明了恋爱双方内心爱情的纯度、证明了价值观上人格的平等，更体现了对对方财产的尊重，也有利于婚后两人幸福美满、事业在原有轨道上顺畅发展。所以，婚前财产公证是人性与社会文明的双重进步。

第二，婚前财产公证可以为第二段婚姻保驾护航，使它免受财产纠纷的干扰。第二次婚姻万一经营不好，遭遇离婚，在财产的分割上会更复杂、更棘手，而婚前财产公证作为一种非诉讼的准司法制度，为人们预防这一财产纠纷提供了法律保障。

公证部门的朋友告诉我们，近年来二婚人士对于婚前财产公证的接受度逐年攀升。这是个好现象，说明我们的国民心理越来越成熟。作为律师，我们也特别建议大家这么做，因为太多的二婚家庭都毁在财产状况混乱上。

第八章 再婚之路，美妙继续 >>>>>

离婚是什么？是出一家。

再婚是什么？是进一家。

出一家进一家，背景就复杂了，最常见的现象是各有各的娃，中国式父母的最大特点就是把孩子看成天，没孩子前把伴侣看成天，有娃后把娃看成天。所以，当一个男人以一个孩子父亲的身份和你结婚时，他爱你，爱你们的家，但他最爱的是他的孩子，总是想把自己的财产留给自己的孩子。我前面提到的案例中，那位抛弃妻子再娶初恋的男人，他那么爱他的初恋，结婚时，还是做了财产公证，把婚前财产的全部和婚后财产的大部分都留给了儿子。

也有心思特别单纯的，但常常是惨淡收场，"我本将心向明月，奈何明月照沟渠"，你掏心掏肺，对方却对你无限防备武装到牙齿。所以，二婚时不如丑话说在前头，"亲兄弟明算账"，关于彼此的财产要郑重协商，能做公证尽量做公证。

现在我们就办理婚前财产公证的常识以问答的形式给大家普及一下：

（一）是不是只有结婚前才能办理婚前财产公证？

不管婚前婚后，婚前财产公证都是可以做的。

（1）未婚夫妻。未婚夫妻由于不具有法律上的夫妻关系，各自的财产归属容易界定，不存在共同财产问题。

（2）已婚夫妻也可办理婚前财产公证。只不过双方订立的协议内容只涉及各自的婚前财产，而不涉及婚后双方取得的财产。

（二）什么时间办理婚前财产公证最有利呢？

我们的建议是越早越好，最好是婚前办，婚后尽早办。曾经有一位当事人，在婚前个人投资买了房产。再婚时，由于现任丈夫的儿子和自己的女儿年龄尚小，她没有考虑到财产继承问题。婚后多年，她渐渐意识到"要为自己的女儿多考虑一下"，想把婚前买的房产做婚前财产公证，以便留给女儿，但遭到丈夫和儿子的阻挠，费了很多周折。

（三）办理婚前财产公证需要准备些什么？

要想办理婚前财产公证，当事人要事先准备一些材料，包括身份证、户口簿，已婚的还要带上结婚证以及一些与约定内容有关的财产所有权证明，如房产证等。

当事人双方事先要草拟好协议书，写上当事人的姓名、性别、职业、住址，财产的名称、数量、价值、状况、归属等。

（四）婚前财产协议的内容有哪些？

约定的主要内容可以是：

（1）各自婚前的财产归各自所有；

（2）婚后各自的工资、奖金、生产、经营的收益归各自所有等。

婚前财产约定书的生效条件一般是"自双方登记结婚之日起生效"，即上述约定书的内容待双方登记结婚之后才生效，不登记结婚就不生效。

有一点要特别提醒大家，约定的财产要做到双方无争议。通常，当事人获得财产的方式有很多，比如接受赠予、合法继承等。但在财产权属问题上，并不都能保证零法律瑕疵。尤其是在"同居时代"，很多当事人在结婚前就在一起共同生活了好几年，双方共同支配、共同购置财产，进行理财活动，但财产权利凭证上却只写了一方当事人的姓名，表面看是一方的婚前财产，但实际上却是双方共有的。还有的个别当事人，在准备结婚前，共同出资购房，购买家具、电器等物品，财产权利凭证上也只写了一方的姓名。由于法律意识淡薄，出资却没有写上名字的一方又没有保留出资凭证，这种情况下财产权属实际上已经存在问题，在办理公证时会困难重重。

（五）办理公证的流程大致如何？

当事人双方在准备好上述材料后，必须亲自到有管辖权的公证处提出公证申请办理。填写公证申请表，提交申请人的身份证明，财产权利证明，婚前财产协议书（当事人没写协议的，公证员可以应当事人的要求代为书写），其他证明材料。

婚前财产公证从受理到拿到公证书大概需要三个工作日，公证费用根据房屋财产价值按比例收取，此类公证最低收费二百元。

54. 只要有这四种心态，再婚一万次也过不好

心态这个词俗透了，我也知道它俗，但越是俗的东西我们越离不开，比如五谷杂粮、空气、水，你意识不到，甚至根本不稀罕它们的存在，但它们并非不重要。所以，心态，该谈还得谈，尤其是对于离过婚的人，大多都有各种各样的心理创伤。以下是最常见的四种"丧心态"，如果不改，再婚一万次也过不好。

"丧心态"之一：赶紧找个下家，晚了就来不及了

离婚耻辱，单身悲苦，所以，一旦离婚了，赶紧找，最好找在前夫前头，挽回面子。

这样没头没脑的大迷糊真有不少。或是出于自卑，或是本来就没有思考力，或是碍于别人的撮合，离婚后很快就再婚了。不经过空窗期的思考，不复盘，也不明确自己想要什么样的婚姻生活，稀里糊涂地进入下一段婚姻。

我前嫂子就是这种女人，她离婚后很快就和一个做保安的男人结婚了。结婚时还专门跑到我家告诉我的家人，言下之意是：你看，我有实力吧，我很快就嫁出去了。

可是她的二婚生活只是过年时跟丈夫回趟老家过年而已，其他时间他们并不在一起。她的丈夫后来失业了，跑去外地打工，她在老家做会计，财产不搅和，各过各的，只是过年时一起过年，让别人看着不那么惨淡罢了。

这样无价值的婚姻，看着真揪心。

所以，经过第一段失败的婚姻，但凡是人，在心理上多少都会有伤处、有阴影、有变化，一定要认识到这一点。离婚后，一定要复盘，对未来有理智的分析定位。这是往后人生幸福的基础。

"丧心态"之二：找个更好的气死他

辰辰被前夫甩了，前夫是济南某区检察院的检察官，她一万个不服，心想：我非得找个比他强的人，气死他，最好直接嫁给

他们检察院的院长才好呢。

所以,辰辰选丈夫的目标特别直接清晰,就是要找个比前夫强的男人,管管他,治治他,出了心里那口恶气。

也许是上天眷顾,真有人给她介绍了现在的丈夫,在省人民检察院工作。辰辰目的达成,心花怒放,一确定下关系立即给前夫发了微信通知他,其实是为了炫耀示威。

婚后,她幸福了一阵子,但这幸福并不源于生活,也并不源于二婚匹配,而是因为她达到了报复的目的。可是很快她就再次感到了失落,因为前夫工作能力强,被最高人民检察院借用一年。根据辰辰的认知,前夫借用回来一定会高升。她难过极了,每天都暴躁不安,觉得命运和她过不去,天天抱怨现任没出息、不上进。

辰辰之所以婚后不幸福,是因为有了先入为主的要求。带着赌气的心态再婚,一旦无法达到心理预期,就会懊悔,对现任恨铁不成钢,这种心理要不得。

"丧心态"之三:把上一段婚姻受的屈辱找补回来

我的前同事嘉玲,一个特别善良美丽的姑娘,因为婆婆的不通情理,导致她和前夫离婚,经过六年的空窗期,终于调整好自己的心态,准备重新步入婚姻的殿堂。她在网上认识了一个比自己年轻的帅哥,在结婚前先试婚,同居了一个多月就结束了这段关系。

原因是这个男人总让嘉玲做饭,自己从不踏进厨房半步。嘉玲并不觉得自己吃亏,只是试着和他沟通一下,谁知他气急败坏地说:"以前都是我做饭给前妻吃,现在我得找个人做饭给我吃。"

听到这样的"真情告白",真让人觉得脊背发凉:还有多少在前妻那里吃过的亏,他要憋着劲儿找补回来?太可怕了。幸好嘉玲心理成熟,和他礼貌地分手了。

"丧心态"之四:"一朝被蛇咬,十年怕井绳"

人在受伤后会有自我保护的本能,傻了一次,不能再傻了,被骗过一次,不能再被骗了。把二婚对象当作假想敌,做有罪推论,带着心灵枷锁走入第二段婚姻,对对方不信任,严防死守。你带着阴影来的,阴影只会越扩散越大,谁愿意和这样的人生活在一起?

一段没人愿意吃亏的婚姻是无法维持的。有这样的两口子,在上一段婚姻里都是受害者。女人的前夫出轨了,她事后总结出几条前夫出轨的迹象,然后把这些迹象套用在现任身上,只要有一条沾边,她就过度敏感,闷闷不乐。她是个自尊心很强的女人,不允许自己吃醋和丈夫闹,她觉得那是女人不自信的表现,她要维护自己的尊严,保持清高,假装不屑一顾。但她的冷漠和距离感,丈夫是能感受到的。

我告诉她的丈夫,越是这样,你越要走近她,打开她的心门,她是个好女人。我没想到,这个看起来很强大的男人却说了这样的话:"我感觉她就是一把锁,我是一把钥匙,但我不知道是不是对的钥匙，万一不对，或者她拒绝打开，那我这把钥匙折断了，就惨了。"

你看，都在掐算着利益得失过日子，能过得好吗？人活着，总要有点冒险精神，因为世事无常，无常就是风险，冒不起险的人，就活不起，也没资格幸福。

55. 守住这些幸福法则，想不幸福都难

如果说在第一段婚姻中心智不成熟还情有可原，那到了再婚的关卡还不长进就不可理喻了。你吃过的苦，受过的罪，尝过的悲伤，不能白费，要有妙手回春的技能，重新整合为进步的云梯，不能带着旧有的状态和模式进入新关系，导致重组家庭再次陷入旧循环。

下面这几条幸福法则，但凡你守住一条，婚姻都不会重蹈覆辙。

放弃对婚姻不切实际的理想化期待

女人天生爱做梦，大部分女人都带着"公主梦"步入婚姻的殿堂，婚后无一例外都不同程度地感到失望。

假如二婚时还"死性不改"，满脑子都是不切实际的浪漫幻想，那么前景不容乐观。

一位在北京金融街工作的三十八岁银行女主管，还在期待她的二婚丈夫能像哄小女生一样哄着她、娇惯她、溺爱她，结果没

有一个男人肯为她的"公主梦"买单。后来她备受打击,降低了对婚姻的期待,觉得能和一个品质好的男人在同一个屋檐下生活,能聊得来,就可以了。她遇到了一位律师,律师工作很忙,但忙完工作,两人一起做饭,晚饭后她看电视,他读书……这样的生活,她觉得也很幸福。

所以,对婚姻放下不切实际的期待,不再把自己当作小女孩或小男孩,而是作为成人进入伴侣关系,这是幸福的关键。这不是让步或者屈服,而是意味着真正的成熟。

很多女人不是做不到成熟,而是她们打心眼儿里不愿意成熟,她们想停留在"婴儿状态",因为婴儿状态是最幸福的,意味着可以被无限满足,随心所欲,不用为他人着想,可以随便作不需要负责任。我也知道婴儿状态舒服,但毕竟你长大了呀。

尊重他先前的社会关系

有些女人再婚后特别厌烦丈夫之前的社会关系,尤其是和前妻沾边的社会关系,通通视为洪水猛兽。

这种希望对方无过去、否定他前妻的存在的想法实在是愚昧的、自欺欺人的。你应该接纳他前妻的存在,不要急于完全替代她的位置。你要接受她比你早一步走进这个男人的生命的事实。

你应该温柔地和丈夫协商,让丈夫知道你的底线,定个标准,对于正常的往来,要宽容大度;反之,你若无理取闹,只会把他推远,形成和你不是一家人的距离感。

与现任建立联盟，形成利益共同体

第二次婚姻，两个人都是带着一大堆社会关系和往事进来的，很难形成黏性，黏合成一体。这种融不到一起的生活，就像泡不好的茶，茶水处于分离状态，不好喝。

为了改变这种状态，民间最惯常的做法是赶紧生个孩子或者财务融合。但这并不能从根本上解决问题，有时候还会弄巧成拙。最有效的做法是要建立联盟，彼此在心理上认定你们是一家人。

这要求你考量问题和做事时，要以现在的关系为重点。受传统家庭文化的影响，我们总是忽略伴侣关系，而把父母、孩子的关系凌驾于伴侣关系之上，这对一婚和二婚的经营都是不利的。

在真我层面，创造一段全新的伴侣关系

再婚，对你还是对他，都是一段全新的生命旅程，你应该以新鲜人的自我要求看待对方，别把对方当作"二手货"。

这对于重组伴侣特别重要，要赋予自己的关系一份新的幸福关键词。要确信自己不是对方过去伴侣的替代者，就算彼此在情感模式上都有着自认为顽固得要命的缺点，你们对彼此也是两个全新的人。

你可以创造全新的相处模式，培养新的爱好，乐于为他而改变。比如，他爱写书法，而你是个喜欢干净的人，一看到他把墨汁弄得到处都是就烦躁。你可以调整自己的想法，接受他的墨香，为他准备一处专门写书法的地方，这样既兼顾了整洁，又支持了

他的爱好。假如你爱旅行，而他是个宅男，你可以巧妙地鼓励他体验一下旅行的乐趣，让他也变成一个旅行爱好者。凡此种种，都是有先例可循的。

所有深刻持久的伴侣关系，都是卸下面具和伪装，自由地做自己，也允许对方自在地做自己，在真我层面相遇，在真我层面相爱的。这样的爱，才是挚爱。

56. 结婚是真诚的，离婚是理智的，再婚是清醒的

一百年前，鲁迅看到国人目睹同胞被杀而无动于衷，毅然弃医从文，用笔唤醒麻木的国人，用文字洗去国人的看客心理；一百年后，看客心理依旧存在，当别人的婚姻出现状况，总有人幸灾乐祸："瞧，当初说她她不听，现在傻眼了吧？""哼，让你那么高调，现在傻眼了吧？"

不仅当看客，有些人还特别喜欢评判，站在道德的制高点对人评头品足，冷嘲热讽。若你制止他，他会振振有词地说："我这都是为你好。"去你的"为你好"，那些口口声声"为你好"的话，其实都是自以为是，所有的观点都是为个人的喜好服务的。话从我们嘴里说出去，就已经与客观无缘。

面对别人的婚姻，我们真的应该客观陈述，真心祝福。

只要结婚是真诚的，离婚是理智的，再婚是清醒的，就不应该被评议。我们应该由衷地赞美：赞们他们曾经深爱过，爱过爱情，爱过恋人；赞美他们那么理智，那么勇敢，勇敢地和人类的

惰性、惯性搏斗，选择分手；赞美他们那么淡定，那么清醒，那么伟大，在心灵受尽创伤后依然选择相信，相信人性，相信爱情，相信幸福，与未来握手言和。他们是伟大的。

平凡，就是不凡。

我希望结婚是你最真诚的选择

人们总说，不被父母祝福的婚姻很难幸福。那只是浅层次的分析，实际上，违心的婚姻才是不幸福的。通俗点说，就是你结婚要目的单纯，你爱他的精神，那就爱他的精神世界；你爱他的钱财，那就爱他的钱财；你爱他的地位与权势，那就好好欣赏一个男人力量彰显的美；你爱他的粥可温，那就好好享受他的殷勤。只要心里不长草，一切都挺好。你婚前爱他什么，婚后就好好享受你所爱的。

当然，你也可以变，走着走着就变了，但请你坦诚，要告诉他。总有一天，你的清醒与坦诚会得到回报。

我希望，离婚是你最理智的选择

我知道，一段没有参与感的婚姻有多么酸楚。

我知道，原谅一个出轨的男人有多么痛苦。

我知道，和无感的人在一起凑合是多么折磨。

所以，我不建议你为婚姻耐忍，耐忍是对灵动的人性最惨无人道的侵略。

但我劝你宽容，假如根性纯良，还是可以说服自己，不要让微瑕一叶障目，无视他的光芒。何况，我们自己也有不对的地方。

谁的人生都不易，所以，能珍惜当珍惜。

实在合不来，没必要勉强。

但是，请不要被情绪冲昏头脑，冲动行事。冲动只是一时痛快，可能会导致长久痛苦，对你、对他、对大家都是不负责任的做法。

我希望，再婚是你最清醒的选择

你可以不再选择婚姻，那确实是上帝抛向人间既甜蜜又荆棘密布的礼物，但你一定要拥有爱情，爱情对女人的滋养，比任何高超的美容术都管用。

你也可以选择再婚，那是你人生的权利，但在再婚之前，一定要做好对上一段婚姻的复盘，要以成熟的心态步入下一段婚姻。若你仍然停留在"婴儿状态"，还有"公主病"，我想，你再婚一定要慎重。

"以前你对我这么好，现在怎么……"

"我们说好的天长地久，可是……"

"你怎么可以……"

类似这样的话，就不要追问了，人心不忍直视，人性也经不住追问。接受现实吧，江山风月，本无常主，人心飘忽不定，哪有一劳永逸的感情？接受无常，用心经营，问心无愧就好。

后 记

无论如何,都要活在希望里

当您读到这里,本书已接近尾声,不知道在思想认知上带给大家怎样的改变,"离婚"两个字,是否不再像先前那样冰冷无情?

而当我写到这里的时候,地方卫视正在上演《我们都要好好的》,在世俗的眼里,刘涛扮演的女主角确实挺能"作"的,先生英俊潇洒,爱她、护她、宠她,矢志不渝地想给她更优渥的生活,可她还是要离婚,因为内心的觉醒。很多观众都和我一样,心疼男主角,挺不愿意看到他们离婚,毕竟,他那么努力。可是,红尘内,情场上的男女,哪个不可怜,哪个不为难呢?

当热恋的激情退去,最初的梦想被婚姻生活里的一地鸡毛搅扰后,我们都对婚姻表示失望。而且,随着岁月渐深,这失望还将步步加深,因为婚姻从来不是坦途,多得是弯道。

每一次拐弯,都会有人下车,或是心生厌悔主动跳车,或是步调不一被"清退"。所以,作为女人,其后人生,能不能岁月静好,全在于她应对变化的能力。

有句很经典的话说:"唯有变化本身是不变的。"很遗憾,由于性别和生理的特点,女人应对变化的能力几乎天然地差强人意。

所以,最后的最后,我想手把手教会你接受和适应变化的能力。这项能力的习得,无须听从喋喋不休的教导,也无须强记艰涩难懂的术语。人都有爱听故事的天性,下面,我就顺应你们这种天性,讲一个和变化、和离婚、和幸福有关的故事。

十岁那年,爸爸和妈妈离婚了,因为爸爸总是随手往妈妈养的兰花花盆里丢小垃圾,比如糖纸、烟头……

爸爸也是暖男,就是线条有点粗。妈妈精致讲究,活得特别有仪式感,是那种不化妆就不出门的女人。

在公众形象上,爸爸的印象分要比妈妈高,因为大家都说爸爸脾气好,人随和。所以,他们离婚时亲朋好友都来规劝,妈妈心里很不平,但她还是很有教养地说:"他人是很好,只是我们不合适。"连外婆都气愤地教训妈妈:"你就'作'吧!有你后悔的时候!"

其实最开始,也是外婆替妈妈看上爸爸的。在外婆眼里,她的女婿高大英俊,是条硬汉,能吃苦能赚钱,又孝顺又大方,反而是女儿小心眼,任性自私,不好好过日子。外婆很难理解妈妈痛斥爸爸的那些"毛病",比如不爱洗澡、不够整洁、衣服袜子乱扔、吃饭狼吞虎咽、没空陪她、不懂浪漫……每每妈妈抱怨这些,外婆总替爸爸开脱:"这哪能算是毛病,男人都是这样的。"

我至今记得妈妈带我搬到学校宿舍时,她委屈的样子,她流着眼泪对我说:"希望你能理解妈妈,一辈子太长了,我不想压抑一辈子。"

直到我考上大学，妈妈才重新考虑她的感情，大一那年，继父出现了，他不如爸爸高大英俊，也不如爸爸能赚钱，但他是另一种感觉。

他会为妈妈养的花草换上漂亮的花盆；会在新年来临时陪妈妈一起逛超市，换一套新餐具；夏天来了，他会为妈妈选一件荷叶边的连衣裙，陪妈妈一起回顾青春；他会买来毛毡布给我做太阳花的钥匙扣。

他会拉着妈妈的手一起去湖边散步，而且越是下雨越爱去；他会在小长假载着妈妈去湿地公园拍荷花，并吟诵几首描写荷花的古诗词；秋天里，他会带回几根芦花，回家后插在古朴的花瓶里。

妈妈爱做饭，继父就为妈妈精挑细选地道的食材，每次妈妈推出新菜时，继父就拉着我一起拍照，看谁拍得出食物的味道，逗得妈妈咯咯直笑。

继父还特别喜欢过节，他总说生活就该有年有节，有时有令，这样岁月才有层次感，不同的节日他有不同的礼物和庆祝方式，二十四节气里他总是和妈妈一起到大自然里走一走，风雨无阻……

有一次妈妈感冒卧床休息几天，继父就休年假陪伴妈妈。那几天，妈妈的床头总放着鲜花与切好的水果。继父坐在床边，为妈妈读书。以前，爸爸总是对妈妈说："感冒不是大病，你好好休息，我要出去为你和孩子挣钱。"想到这里，我忽然泪水潸然，终于理解了妈妈的那一句"一辈子太长了……"以后，我也会找个像继父这样的丈夫，因为一辈子太长……

一辈子长吗？如何界定一生的长短呢？因人，随时。因为长，所以不将就；因为短，所以狠狠爱。

幸福是会重生的，它会改变模样，以各种各样的姿态，一次次悄然来到寻找和期待它的人身边，包括离婚的人。

所以，死缠烂打，不如好聚好散。

离婚是一个结果，绝不是结局。

人生如戏，它也只是其中的一帧而已。

2020 年 5 月 10 日